U0111736

大展好書　好書大展
品嘗好書　冠群可期

大展好書　好書大展
品嘗好書　冠群可期

中華傳統武術
22

八極拳

大展出版社有限公司

武兵 著

作者簡介

武兵，武術學者，北京武兵武術學堂主講，中國共產黨黨員。北京體育大學畢業，中國武術段位高段，國家級裁判，高級教練，兩翼拳第5代傳人。歷任山西省大同市武術培訓中心總教練，大同市體育運動學校武術套路、散打總教練，大同市武兵武術學校校長兼總教練，北京體育大學成教部散打主教練，北京航空航太大學北海學院武術教授等職。

出生於武術世家，歷經武術界多位名家指導，勤修靜悟，分別在國內、國際各類大賽中榮獲武術套路、武術散打冠軍24個。

在全國武術專業雜誌《武當》《少林與太極》《中華武術》《武魂》《武林》《精武》《搏擊》《拳擊與格

鬥》《武術家》《文武中國》《全球功夫》等刊物發表了
300餘篇武學作品，並多次榮獲全國武術有獎徵文大獎。

分別在北京體育大學出版社、人民體育出版社、山西
科學技術出版社及臺灣大展出版社出版武學專著16本及
VCD和DVD教學光碟多張。

前　言

　　傳統武術是中國武術的重要組成部分，其紮根於民間，具有濃郁、古樸的武術神韻，是武術寶庫中的精華。

　　隨著「世界傳統武術錦標賽」「全國傳統武術比賽」及「CCTV-5武林大會」的舉辦，傳統武術得到了重視與發展。當下，中國武術要深化「大武術觀」的認識，樹立大武術觀念、營造大環境、形成大團結、推動大發展。

　　在大力弘揚中國傳統武術之際，爲迎合大武術的發展，滿足國內外眾多酷愛傳統武術練習者的需求，現將筆者鑽研、習練多年的中國傳統武術撰寫成「中華傳統武術」。該套書所介紹的名拳，都是經國家武術院審核，按照「源流有序、拳理清晰、特點突出、自成體系」的16字方針，認定流傳各地的129個武術拳種中的精品。

　　「中華傳統武術」本次共有5本，分別是《八極拳》《劈掛拳》《彈腿拳》《少林拳》《南拳》，單本成冊，每本圖書都力求做到圖示精確，文字精準，透過圖文並茂的形式來激發讀者和學練者的學習興趣。

　　寫作風格獨特，分別從拳術概述、拳術精華功法、拳術套路展示、拳術技擊解招、拳術拳理通覽及拳術學練指點等方面加以闡釋和表現，整套叢書縱橫交錯、精言細理地呈現傳統武術，讓讀者一看就懂，一學便會。

受校訓「追求卓越」的耳濡目染，以及相伴著「一生只做武術人」的志向，筆者欲把所撰之圖書創作爲精品，於是，在創作過程中時有感動，感動於武術本身，也感動於武術之外。但因自身的武學境界所限，也許會書不盡言，言不盡意，還望廣大行家裡手多加斧正。

一部好的武術專著，對於傳承武術意義重大。作爲武術人的筆者，心存夙願，能文能武是我畢生的追求，面對「文者不武，武者不文」之現狀，始終按捺不住創作的衝動。雖說衝動是魔鬼，但在創作中，這種衝動是必需的。帶著創作的衝動，去引爆創作的激情；帶著激情去創作，其作品必定是有血有肉的。筆者會不斷地努力，力爭寫出更多的武學作品，以饗讀者。

成書之際，特別要感謝王天增、武萬富、王祖金、白枝梅、王宏強、武冬、于三虎、伍軍紅、劉一鳴、武晨希和武喆或等，沒有他們一直以來的關心、支援和幫助，就沒有這套叢書的面世。

作 者

八極拳

目　錄

第一章

八極拳概述

第一節　八極拳的起源與發展

一、何為「八極」

在瞭解八極拳的起源之前，非常有必要瞭解一下何為「八極」。

「八極」二字最早出現於西周時期的《易經》。書中記載有「易有太極，是生兩儀，兩儀生四象，四象生八卦」。即意為「太極為一，兩儀為天地、陰陽，四象為春夏秋冬，八卦為天之八極。」

從這裡可以看出，「八極」是一個哲學範疇的概念，是我們的祖先為表述宇宙本源及衍化過程而創造的詞彙。「八」為陰陽互換，「極」乃妙化極遠。在《莊子・田子方》中也有記載：「夫至人者，上窺青天，下潛黃泉，揮斥八極，神氣不變。」

漢唐以後，「八極」這個詞出現得更是頻繁。在西漢淮南王劉安的《淮南子・卷四・墜形訓》中有「天地之間，九州八極」。

這裡，「八極」是個古地理概念，從文字上解釋，

「八」為數目字，「極」為頂端之意。「八極，言八方極遠之地。」從「八極」一詞的整體含義來解釋，「八極」為八方極邊遠的地方，「八方」即八面。根據地理概念也稱內四極、外四極。內四極係指東、南、西、北，外四極係指東北、西北、東南、西南。

而在《莊子·列禦寇》中，「八極」一詞卻代表的是人的八個優長之處：「窮有八極，達有三必，形有六府。美髯長大壯麗勇敢，八者皆過人也，因以是窮。」

根據清代郭慶藩《莊子集釋》卷十的疏解，這八個長處就是「美、髯、長、大、壯、麗、勇、敢」八個字。這八個字的進一步解釋便是：「美，姿媚也；髯，髭鬢也；長，高也；大，粗大也；壯，多力；麗，妍華；勇，猛也；敢，果決也。」顯然，不要說對於一個武者，就是對於一個最普通的男人，這八個長處也是人人夢寐以求的，因為它是陽剛男子的主要標誌。

因此，用「八極」作為一種拳派的名稱，不僅恰當，而且平添了一些耐人尋味的意趣，這也透露出八極拳前賢們深厚的人文素養。正如八極名家馬鳳圖先生所言，給八極拳定名的「必是一位兼資文武的飽學之士，其取義之深，用詞之巧，在中國古代武術諸拳種中僅此一見。」所以說，「八極」一詞被作為一個拳種的名稱來使用，絕非是一種巧合。

因此可以認為，「八極」一詞用於拳名不僅僅是一個粗俗意淺的詞語，八極拳也絕不是一種「只有匹夫之勇」的功夫。可以說，「八極」除了表述地理的概念外，還有

被古人引伸出來的其他含義，應該說它是一個多義詞。

二、何為八極拳

目前，關於八極拳名稱的來歷，有以下幾種觀點。

1. 1936年由河北省孟村鎮人吳會清編著的《河北省孟村鎮吳氏八極拳秘訣之譜》中寫道：「無極生太極，太極生兩儀，兩儀生四象，四象生八卦……跪膝者南北二極也，摞手者天地轉也，腰步盼前顧後也，八極者，無極歸原也。」可見，這種觀點是取自《易經》之「八極」。

2. 臺灣八極拳名家劉雲樵認為：「巴子拳棍」指的就是八極拳，其理由來源於明代戚繼光所著的《紀效新書·拳經捷要篇》，書中記載：「古今拳家，宋太祖有三十二勢長拳……楊氏槍法與巴子拳棍，皆今之有名者。」到了清代，「巴子拳棍」改稱八極拳。關於八極拳的形成年代，其認為：「推其時間，當不至晚於明初。」

3. 中國著名歷史學家馬明達認為，戚繼光《拳經》中提到的「呂紅八下」才有可能指的是八極拳。因為《拳經》中提到「呂紅八下雖猛，未及綿張短打」。說明呂紅武藝剛猛，主要有八大招式。

還有明代唐順之的《武編》中提到「呂短打六套」可能是八極拳的「六肘頭」或「六大開」。理由是史料記載中的呂紅武藝的三個要點，即八下、剛、短打六套都與現今八極拳的八大招、動作剛猛、六大開相合。

4. 全國體院院校教材委員會審定的《中國武術教程》中寫道：「拳稱八極，乃沿用古代『九州之外有八寅，八

寅之外有八紘，八紘之外有八極」的說法，即八方極遠之意。八為陰陽變化，極為巧妙變化趨於極遠之意。八極拳在技術訓練中講究頭、肩、肘、手、尾、胯、膝、足八個人體部位，要求將這八個部位精求熟練，達到『極』點的意思。」依此認為，此觀點是借用《淮南子》中關於「九州八極」宇宙無窮極的遐想，來比喻此拳向八方極處發力，使四夷賓服。

持相同觀點的還有國家體育總局武術運動管理中心、武術研究院編寫的《八極拳》，書中簡言之「八極言八方極遠之地。八極拳有出手四面八方，可達極遠之意」。

5. 由眾位八極先賢們於百年前整理編著的《八極遺宗》（八極老譜）中明確闡述道：「拳名八極者，乃取拳中八大招之出手起腳無所不用其極之意也。行拳必記憶體八意，外具八形，勁發八面。記憶體八意方可先機制勝，外具八形始堪進退。應敵時身體中正，勁發八面，不偏一隅，方能穩重厚實健立而博人。八意、八形、勁發八面，均以『極』字為宗旨，此拳名之所以由來也。」

6.《中國文化辭典》記述：八極拳，武術拳種之一，全稱開門八極拳。即有八種開（攻）對方門戶（防守架勢）的方法，出勁可達四面八方極遠的地方。相傳清康熙年間由河南焦作月山寺傳出，故又名月山八極。

此外，還有「八技拳」「八忌拳」「把計拳」「耙子拳」「鈀子拳」等幾種名稱，但均無確切史料依據，有待進一步研究。

三、八極拳起源分說

（一）創始人之說

1. 始創於元末明初，傳於河南月山寺

月山寺地處覃懷境內太行山南麓，於1158年由少林遊僧空相和尚所建，為河南四大名寺之一，與洛陽白馬寺、嵩山少林寺、開封相國寺齊名。

據月山寺碑文記載：金末元初，覃懷之地多戰亂，太行山內土匪眾多，當時任月山寺第二代主持的是武進士出身的河北滄州人蒼公，為了保護寺院、強健身體，他和空相大師精心研究中華武術，並根據月山寺周圍的地理形勢，結合少林寺第四門看山拳，創編了一套出勁可達四面八方的拳術——開門八極拳，又名岳山八極。此處岳山為月山之誤，應為月山八極。

元末，月山寺武僧助明滅元，立下戰功，明朝建立後受到封賞，在月山腳下修西下院辦了一所武義學，接納窮人子弟，傳授武藝。

2. 始創於明末清初的丁發祥

據滄州孟村丁氏家族的世代口傳和丁發祥的墓碑碑文，以及遍及全國範圍的八極拳重要譜誌《八極拳精要》《滄縣誌》等典籍記載：丁發祥，字瑞羽，生於明萬曆四十三年（西元1615年），卒於清康熙三十三年（西元1694

年），初練家傳查拳、彈腿和戳腳，後幸遇並受業於綽號為「邋遢道人」的黃絕道長，學得絕技八極拳。

康熙十五年（西元1676年），俄國兩個大力士在京城擺下擂臺，不可一世。當時，京都技擊名家紛紛攻擂，均以敗北告終。消息傳到宮廷，康熙皇帝遂召集百官舉薦能人，丁發祥獲薦。

那日，丁發祥飛身上台，看準機會，在二人貼身的剎那，一個暴肘擊中洋人。這一肘足有千鈞之力，洋力士當場口吐鮮血，昏倒地上。另一洋人不服，接著較量，也被丁發祥擊翻在地。丁發祥連挫敵手，群情振奮。喜報傳到宮中，康熙皇帝大悅，御筆親題「文有太極安天下，武有八極定乾坤。」

丁發祥為人恬淡寧靜，樂善好施，不慕浮華，後回鄉灌園弄花自娛。他一生擇徒甚嚴，得其藝者絕寡。其傳人唯有京城善撲營總教頭張四成。

張四成原籍四川，回族，是反清復明之士。雍正五年（西元1727年）遭降旨捉拿。於是改扮僧人逃出京城，隱姓埋名，浪跡江湖，後收吳鐘為徒，傳授八極拳及六合大槍之術。因其是回族人，不願穿袈裟，世人皆稱其為「懶披裟和尚」。民國25年所修拳譜記載的「癩」「癖」為對其訛傳。後人尊黃絕道長為一世，丁發祥為二世，張四成為三世，吳鐘為四世。

3. 清雍正年間由吳鐘開創

據《滄縣誌》記載：吳鐘（西元1712—1802年），字

弘聲，北方八極拳術之初祖也，孟村鎮天方教人（回族），生於山東省慶雲縣後莊科村。幼年喪父，隨母親投奔滄縣孟村鎮（今河北省孟村回族自治縣城關鎮）同宗同祖吳嶸之祖門下。八歲就聰慧過人，年甫弱冠，勇力出眾，遂棄書學技擊，寒暑無間。

一夜，方舞劍庭中，有黃冠羽士飄然而至。叩其姓字，不答，坐談武術，皆聞所未聞，繼演技擊，更見所未見。遂師事之，受八極之術。道士留十年，忽曰：「吾術汝盡得之，吾將逝矣。」鐘泣且拜曰：「十年座下，賜我良多，惟以不知師之姓名為憾。」道士慨然曰：「凡知癩字者，皆吾徒也。」言罷辭去，杳然無蹤。逾二年又一人至，知為癩之弟子，亦秘其姓氏，惟曰：「吾癖字也。」贈八極秘訣一卷，並傳授大槍奧秘……尊癩為一世，癖、鐘為二世焉。

對此觀點，歷來眾說紛紜，但其中最為有力的說法是：吳鐘業經多師，匯通百家，以天經、陰陽無形之理，解道家易經之論，採奇擷妙，創成獨絕之術。但因吳鐘師出無門，難以自立，尤其是作為回族，更難獨立門戶於當時的社會，所以，為避免非議，減少壓力，遂採取托古之法，以癩、癖託名，實則無此二人。但在八極拳傳承中是有明確姓氏記載的，「吳鐘，北方八極拳術之初祖也」這一說法在現有資料中均是認同的。

4. 始於月山寺，傳於吳鐘

雍正五年（西元1727年），月山寺一自稱「癩」之雲

遊武僧至河北滄縣孟村鎮（今孟村回族自治縣），收吳鐘為徒，授以拳術，三年成，贈吳拳械秘訣而去。雍正十年（西元1732年），有一自稱「癲」徒，名「癖」的月山寺武僧，奉師命再訪吳鐘，授以大槍奧妙，並贈八極秘訣。吳鐘學成後，初為吳氏家拳，只教本姓親族，後開門授徒，遂成回漢各族共練之拳術，故亦稱「吳氏開門八極拳」。

上述關於八極拳的起源說法不一，真偽難辨。因此，八極拳究竟起源於何時，誰才是八極拳流派體系的創始人，可以說至今仍是一個謎。就如兵書《孫子》的作者是孫武或孫臏一樣，兩千年來一直都有爭議，直到1972年在山東省發掘出土了相關文物才得以澄清。希望史學家和武術家們也能對八極拳做進一步的研究，以求得有史、有理、有意的八極拳的本貌真源。

（二）八極拳的流派

根據1929年《滄縣誌》記載，孟村境內有不同版本的《八極拳術之譜》，分別是《河北省孟村鎮吳氏八極拳術秘訣之譜》、羅疃李大中所傳之譜、自來屯強瑞清所傳之譜、泊北村張書潤所傳之譜、南皮縣張旗屯村李雲龍和滄縣王官屯所傳系之譜，以及近年來修纂的《滄州武術誌》《孟村回族自治縣誌》《鹽山縣誌》等書中，都有較詳盡的關於八極拳術的傳承和源流記載：大凡習八極拳術者都受傳承於吳氏一門，流派大致分為孟村八極拳、羅疃八極拳和西北八極拳。

八極拳從創始流傳至今，已遍佈二十多個省、市、自治區。在華北、西北和東北等全國各地，傳習八極拳的人數以萬計，已超過了練形意拳、八卦掌、少林拳的人數，有望追上太極拳和南拳的練習人數，已成為一項深受人們喜愛的拳種，被國家體育總局評為十大傳統武術優秀拳種之一。

八極拳不僅盛行於大陸及臺灣，更傳入日本、美國、加拿大等國家。

2010年，八極拳入選第二批國家級非物質文化遺產。

第二節　八極拳的特點與風格

1. 八極拳的套路特點

八極拳以頭足為乾坤，肩膝肘胯為四方，「手臂前後兩相對，丹田抱元在中央」為創門之意。以意領氣，以氣摧力，三盤六點內外合一，八方發力通身是眼，渾身是手，動則變，變則化，化則靈，其妙無窮。

八極拳套路結構嚴謹，短小精悍，是短打類拳術的一個顯著特點。八極拳的套子只有大小兩種，小架只有十幾個動作，可謂簡潔之極；大架（即八極拳，合練為對接）雖有四十多個動作，除去重複者，也不過二十幾個動作。

八極拳動作剛脆有力，迅猛遒勁，樸實無華，舒展大方，勢動神隨；多使用肩、臂、肘、胯、膝等部位衝撞靠摔，加之重腳震地，虎虎生風，以氣催力，聲助拳勢，咄

咄逼人。

八極拳拳法發勁剛猛，暴烈驟變，疾如閃電，猛起猛落、硬開硬打，剛柔相濟，貼身進發，三盤連擊，招數連貫；勁力鬆緊相間、順達，氣勢磅礡。擅肘法，多直線往返，躍進中以勢險奪人，進擊中以節短取勝。

八極拳步法穩健靈活，根底穩固，講求腳不離地，拳路中少有躥、蹦、跳、躍等動作，而且腿法也較少，要求下盤根基穩健，一招一式都要穩如泰山。

2. 八極拳的技術特點

八極拳屬於短打拳法，其動作發力於腳跟，行於腰際，貫於指尖，故爆發力極大，具有極強的技擊性，大有「晃膀撞天際，跺腳震九州」之勢。

八極拳的動作雖然不多且簡單，但技巧非常全面。無論上、中、下三盤，或者內、外門，以至長攻、短打，都有全備的技巧，不偏重任何一種打法。

八極拳在技法上以「六大開」「八大招」為主，講究「挨、撞、擠、靠、崩、撼、突、擊」等技法，在近距離內體現連珠炮式的打法，攻防意識極強，最重頂、纏二法，這是八極的精要，也是「六大開」「八大招」之核心。

「六大開」指「頂、抱、擔、提、挎、纏」六種基本技法，始終貫穿在八極拳的所有招法裡，是各種動作的母系。

「頂」是指上領、下沉、左頂、右拉四面八方之勁發

力的十字整力；

「抱」是指緊縮一團，枕戈待發，寓攻於防，防中有攻的技法；

「擔」是指以拳輪為力點，由上往下的蓋、砸拳法；

「提」是指腿法之變化；

「挎」是指彎臂短擊法和快摔法；

「纏」有大小之分，小纏纏腕，大纏纏臂。

拳譜中是這樣解釋「六大開」的：「一打頂肘左右翻，二打抱肘順步趕，提挎合練單揚打，順步腰身便是纏，翻身頂肘中堂立，打開神拳往後傳。」

「八大招」是八極拳技法的核心，是歷代八極拳名家歸納的精粹。它們不只是八個簡單的技法或招勢，而是由幾個凌厲的技法組合而成。之所以稱為大招，是因其技法巧妙、勁力暴烈，殺傷力極大，所以是輕易不傳的絕招。

「八大招」指「閻王三現手」「猛虎硬爬山」「迎門三不顧」「霸王硬折韁」「迎風朝陽掌」「左右硬開門」「黃鶯雙抱爪」「立地通天炮」八種招法。

3. 八極拳的勁力特點

勁力是武術拳種的核心元素，勁力幾乎一致被認為是經過長期訓練後所表現出來的一種與武術技法相融的肌肉力量。任何一種招式，都要伴隨一種勁力來使用；同時，任何一種勁力的使用，都要憑藉於一定的形體動作，這就是勁力與技法之間互為依存的辯證關係。可以說，力是勁的基礎，勁是對力控制和使用的能力。

　　八極拳是力量型拳法，在勁力上追求挨、撞、擠、靠、崩、撼、突、擊等勁法。八極拳的勁力以短促暴烈為主，講近身、頂纏，以突發的貼身衝撞制人，可稱為「短中之王，近中之魁」。

　　拳諺云「動如繃弓，發若炸雷」，這是對八極拳發力過程的形象描述。

　　「動如繃弓」是蓄勁的過程，意思是身體像拉開的弓一樣，蓄滿勁力，然後把渾身所蓄之勁力傳遞到肢體而釋放出去。實際上用「身如弓，拳似箭」來形容八極拳的蓄勁發力過程則更加貼切。

　　「發若炸雷」則是描述八極拳發力瞬間的特徵。其中包含兩個方面的含意，一是發力要突然、猛烈，使人猝不及防，有摧枯拉朽的氣勢；二是發力要以人體為中心向四面八方輻射發出，任何方向都要有力的存在，就像炸彈在空中爆炸一樣。

　　八極拳的勁力有十字勁、纏絲勁和沉墜勁三種。

　　所謂十字勁，是指前手向前打的勁力和後手向後拉的勁力構成了「十字」中的一橫；而沉肩、墜肘、跺腳、擰氣即四肢百骸向下沉墜的勁，同伸頂、豎頸、拔腰形成向上的頂拔勁，構成了「十字」中的一豎。關於十字勁還有一首口訣，即：

　　　「頭頂青天，腳紮黃泉，懷抱嬰兒，兩肘頂山。」

　　纏絲勁就是螺旋勁，即發力時必須直中帶旋，旋中求直。直者求其速達，旋者求其勁銳，直中有旋，方能調動周身百骸之力施於一點。

沉墜勁，沉墜顧名思義就是鬆沉，鬆透了自然就沉，再加強功力於精、氣、神三催，久之功深氣自沉。

八極拳的全部招勢都離不了這三種勁力，它們之間不是孤立的，而是密切聯繫、互相相容的，有的招勢中表現出一種勁力，有的招勢則是三種勁力的綜合體現。

八極拳以雙腳就地取力，有「八極腳不離地」之說。

震腳也叫「打跺子」，又稱「跺子腳」。即一腳提離地面約二寸，隨之全腳掌迅速落地下震，五趾抓地，一腳為單震，兩腳跳起同時落地為雙震。震腳時發「哈」聲，這是八極拳非常鮮明的一個特點。闖步是一腳原地震腳之後，另一腳迅速向前衝出，身體隨之向前闖撞成馬步姿勢。碾震是全腳掌著地，腳跟提起內轉或外轉落地的震腳，同時發「哼」聲。

八極拳震腳時的「哼」「哈」二聲就是為了發力打出整勁，意到、氣到、力到，將三者融為一體，互為依託，相互促進。

武術大師張克儉認為，勁力是力量、速度與呼吸吐納的結合。而八極拳中擤氣的運用恰恰吻合了這一觀點。因為擤氣是構成八極拳勁力特徵的基本要素，是八極拳獨有的用氣之法。俗話說：「內練一口氣，外練筋骨皮。」「打跺子」時發出的「哼」「哈」二聲就是擤氣的具體體現。擤氣發聲就是氣力相合、內外相合的主要方法和途徑，要把丹田積蓄之氣在發力時由肢體梢端發出，將浮氣、廢氣由口鼻排出，發力同時又使體內充滿真氣，並向四面八方膨脹輻射。

4. 八極拳的對搏特點

八極拳應敵時，行走如龍，威猛如虎，沉穩如熊，敏捷如猿，精靈如鹿，撲擊如鷹，突撞如駝，手、眼、身、法、步隨意一體，並發揮到極限，即心態極穩，膽量極大，身法極快，出手極狠，力道極強，技法極妙，時機極佳，目標極準。

八極拳最重貼身靠打，猛攻硬闖。「逢閃必進，逢進必閃，閃即進，進即閃」。八極講究「破門」而入，即出招搶攻對手正門，強行打開對方的防守，以對手的胸腹為主要攻擊目標，素有「八極如虎威猛」之稱。

八極拳技擊歌訣有「上打雲掠點提，中打挨撞擠靠，下打吃根埋根」之說，講求三盤連擊，招法連貫，進發退穩，「身不捨正門，腳不可空存，眼不及一目，拳不打定處」。

八極拳技擊講究彼不動，我不動；或彼不動，我以引手誘敵發招，隨即用崩開裹進之法強開對方之門，貼身爆發。要求眼隨手轉，手腳齊到，上打下封，緊逼硬攻，長短兼施，做到攻中有防，防中寓攻。

此外，八極拳中的「打踩子」在實戰中也可起到重要的作用，它不僅有助於突然改變發力的方向，改變對手與自己之間的態勢，同時還能給對手造成心理上的衝擊。

任何一種精妙的拳術，要在搏擊實戰中充分發揮其技術，依靠的是快捷靈活的步法，而八極拳可以在快速移動步法的同時施展拳法，做到手眼身法步相合一體。

八極拳技擊有「眼快在於心，手快在於身，身快在於足」的要訣。其實，決定勝負的只是一個「快」字，即所謂「進招快如風，勝負即可分」。

5. 八極拳的演練風格

八極拳演練時，要求含胸拔背、頂項直腰、沉肩墜肘、氣貫丹田、實腹斂臀、圓襠扣膝、固足。踢腿不過襠，震腳闖步如穿石入洞、落地生根；出手如箭離弦、快似閃電。其身法特點是十大形意，即「龍、虎、熊、猿、蛇、雞、鹿、鵬、鶴、駝」十種動物在運動搏擊中所善用的「抖、縮、愣、含、驚、崩、撐、挺、豎、橫」的「十大勁別」，在八極拳法中都有體現。

練習八極拳時要明三節，否則「上節不明手忙腳亂，中節不明全身落空，下節不明足多而跌」。三盤連擊時，上盤施以頂抱纏拿，擺砸劈挑；中盤施以挨撞擠靠，崩撼突擊；下盤施以旋轉進退，擺扣鎖捆。

第三節　八極拳的技術體系

八極拳又名「開門八極拳」，拳諺曰「文有太極安天下，武有八極定乾坤」，它是我國傳統拳術中的一種。八極拳以其剛烈雄健、樸實簡潔的風格和獨特的技擊特點著稱於世。

八極拳是一個完備的武術拳派，不但有完整的理論，而且還有拳術、器械、功法和技擊等體系內容。

歷經近300年的不斷發展，當下已有馬氏、吳式、李氏、劉氏、霍式等八極拳門派，但整體內容大致相似，僅是風格微存不同而已。

一、八極拳核心技術內容

不管是哪門哪派的八極拳，其技法核心皆為「六大開」「八大招」。

「六大開」指頂、抱、擔、提、挎、纏六種手法，其中頂法六個，抱法六個，擔法兩個，提法兩個，挎法一個，纏法四個。每一種手法都有較強的技擊性，簡樸剛烈，兇猛異常，均是八極拳的主要技擊手段。

「八大招」是八極拳的動作組合，每組可單獨練習，也可連在一起貫穿練習，是八極拳的技擊散手，和「六大開」有異曲同工之妙，可合而不可分。八大招有：「閻王三點手」「猛虎硬爬山」「迎門三不顧」「霸王硬折韁」「迎封朝陽掌」「左右硬開門」「黃鶯雙抱爪」「立地通天炮」等。

二、八極拳精華技術內容

現今主要流傳有三路，第一路是八極架，也稱八極小架或小八極，第二路是八極拳，也稱大八極或八極大架，第三路是八極對接，也稱對接趟或八極對練。三者都是以六大開門勁法和八大招法為核心，即以「小八極奠其基，大八極肆其術，六大開極其藝」。

八極小架是最基礎的套路，由二十餘個動作組成，是

以「兩儀式」為基本架子演變出來的套路。套路雖然不長，然八極之手法多蘊含其中，很吃功夫。整個套路編排巧妙，動作樸實，內涵深奧，它「易學、難精」，即學會容易，學精很難。

三、八極拳主要技術內容

八極拳門主要拳術有八極小架、八極拳、八極拳對練、金剛八式、應手拳、十二路小架、黑虎拳、飛虎拳、開拳、二十四聯手拳、六肘頭、剛功八極、八極新架等。

主要器械有六合大槍、六合花槍、提柳刀、六合刀、四門刀、春秋大刀、三節棍、八棍頭、梨花槍、行者棒、夜戰刀、青龍劍、純陽劍、萬勝雙刀、提袍劍、青萍劍、太師虎尾鞭、雙戟、雙鉤、鴛鴦鉞、雁翅鐺等。

主要對練有劍對槍、單刀進槍、雙刀進槍、三節棍進槍、八棍頭對打、撲刀進槍、春秋刀對雙劍、三節棍對雙拐、梢子棍對槍、對劈槍、撲刀進槍、梢子棍對棍、空手奪刀等。

主要功法有內功、站樁功、靠樁功、鐵砂掌功、滑大杆功等。

最初，八極拳的器械套路只有一個六合大槍，這一點不難理解，正如《劍經》所講：一個拳種一旦看起來內容繁多，面面俱到，則是滅亡的象徵。這正是「真傳一句話，假傳萬卷書」。

吳殳在《手臂錄》中寫道：「槍為諸器之王，以諸器遇槍立敗也。人唯不見真槍，故迷心於諸器，一得真槍，

視諸器兒戲也。」而現在看到的其他八極拳器械，是後人們在八極拳理論的指導下將其他拳種門派的一些刀、槍、劍、棍等器械套路融入到了八極拳門派中，使八極拳器械的技術體系更加豐富。

在八極門中，如果學了拳術不學大槍，等於只掌握了一半的功夫，是不完整的。只有做到拳、槍合一，兩技皆精，互相促進，才能永遠立於不敗之地。

八極大槍主要以六合大槍、對紮大六合為主，為八極門器械之冠，槍身長重，招法精絕。「王祥立世」「金梁托架」「二郎拔草」「童子降香」「白馬回頭」「哪吒探海」等招法，「招招藏妙機，出槍定輸贏」。其槍法的獨特之處在於：

其一，前手即左手食指前指，且不準翻動；其二，槍紮出之前、收回之後都要緊貼腹上，不得離開；其三，一般所講的攔、拿動作均靠後手即右手來完成。

練槍很吃功夫，所謂「年刀、月棍、久紮槍，隨身習練是寶劍」。精槍法者，搭杆即勝。當然，後人習藝以「先易後難」為原則，即先學拳，後學械。所以，從某種意義上說，練八極拳是為了給練大槍奠定基礎的，是大槍入門最好的前期準備。

此外，八極拳常規「四兵」的講究中，刀法講究的是砍、劈、截、剁、掃、紮、撩、攔等。槍法講究的是攔、拿、紮、挑、擺、點、穿、劈、纏、舞花等。劍法講究的是劈、刺、撩、穿、攪、抹、掛、崩等。棍法講究的是推、挑、架、壓、背、戳、攪、蓋等。

八極拳對練是八極拳術的代表套路，在對練中站上首，稱上趟八極拳，與之相對的站下首，稱下趟八極拳，兩趟拳由兩人合練對打。此套路由六十餘個動作組成，為「兩儀」之縱向「四象」變化和「六開八招」變化的總體體現，以撞靠勁、崩撼勁、突擊勁貫於各招勢之中。

初練者先學單打，再習對打。學習對打時，先者一攻一防，後者一防一攻。開始為你一招、我一式，慢慢入門，稱之「餵手」。熟練後體知「六開」之法，初期掌握拆招應變之術，稱之「拆手」。

「拆手」由慢而快，由粗而精，而後「六開八打」運用自如，由必然變化進入條件反射的自由變化，稱之為「無招無式」，即入「無形」之境。

總之，八極拳門的技術體系簡單易學、實用善戰，不圖花哨。若是以「繁巧複雜、玄虛莫測」的表象來自我炫耀或迷惑初學者，對八極拳的傳播是極為不利的。

第四節　八極拳名人堂

八極拳歷經300年的發展，不乏名家高手，八極拳名人堂所收均是精通八極拳且在中國武壇享有盛譽的名人，雖然不能覆蓋齊全，但也皆為核心人物，功業耀世，令武學後者敬仰。

1. 八極拳創始人——吳鐘

吳鐘（西元1712—1802年），字弘聲，回族，山東省

慶雲縣嚴務鄉後莊科村人。據現存雍正二年八月謹序的吳鐘氏宗族譜記載：吳鐘氏家族，祖籍山西省，後遷居徽州府歙縣（今安徽省），吳鐘的太祖父時，遷居山東省慶雲縣後莊科村，至父輩遷居滄縣孟村鎮。

吳鐘少時在少林寺隨老禪師學拳術和氣功三年，深得師法奧妙，拳法精湛，藝業過人。後別少林寺到處訪友，足跡遍及大江南北名山都邑。

後至陝西延安西山梭羅寨，又拜賴魁元學六合大槍法三年，大槍法亦大進。

吳鐘拳械俱精，尤擅大槍。史載：雍正年間，浙江少林寺新造山門，內藏機關，埋設了木人、木猴、弓弩刀斧諸多暗器，使人防不勝防，武技非爐火純青之人，進去就要為暗器所傷。吳鐘隻手單槍，一人獨闖少林寺。他一杆大槍前遮後擋，左攔右掛，連闖三門，諸多暗器，無一著身，被鎮寺欽關官獎為「吳神槍」。

後吳鐘遊至杭州，某寺方丈為少林高手，吳鐘與其較藝，屢敗之。方丈折服，贈吳鐘綿鏢一囊。吳鐘由浙至北凱旋，赴燕京，當時，康熙皇帝的十四子恂勤郡王槍法高妙，名顯一方。吳鐘與之試著交了手，兩人以殳較藝（殳是一種有楞無尖的竹製兵器）。

交手前在殳端以皮縛以白粉，以身著粉跡的多少定輸贏。恂勤郡王施展出平生本領，頻頻進招，但都被吳鐘破解，無一處粉跡著身。而吳鐘大槍一抖，一個「金雞點頭」，就把恂勤郡王的眉毛點白了，而對方卻一點也沒有察覺。恂勤郡王疑吳鐘有幻術，擦了把臉接著比試，又一

次粉著眉毛而未覺，遂嘆服，延為上座，師事之。吳鐘以「神槍」聞名於世，有「南京到北京，大槍數吳鐘」之譽。

吳鐘後到天津咸水沽戳杆設場。一天，一武師來場與吳鐘較技，來人用單刀對吳鐘大槍，把他的大槍招數一一化解。吳鐘敗北後甚是懊悔，來人卻說：「師弟，勝你者非外門，我是你師兄，尊賴師之命傳刀給你！」

原來是師父賴魁元派弟子皮某來傳吳鐘飄搖刀法，飄搖刀又稱六合刀、提龍刀或圈刀。吳鐘掌握了飄搖刀法後，更是如虎添翼。

吳鐘在京津一帶廣結武林朋友，與他齊名的武林泰斗康得力、李章、劉三閃，換譜為表，四人各有其妙，各獻其長。時有「康得力的棍（俞公大猷棍），吳鐘的槍（戚公繼光二十四大槍），短打擒拿數李章（二十四勢扣子拳），劉三閃的八極六十四勢天下趙」。四人在一起設場四年，交流技藝。吳鐘學得俞公大猷棍、二十四勢扣子拳等。

後來吳鐘一直在直隸和山東一帶以設場、保鹽鏢為生，同時將所學加以整理歸納，形成了自己風格的八極拳、六合大槍體系，並開門定居。從此，八極拳和六合大槍開始結合，這是八極拳歷史上第一次質的飛躍。

這時，滄州東南孟村鎮富紳丁、吳兩家請吳鐘去授徒，吳鐘在孟村鎮設場授徒十六年。在此期間，吳鐘把一生所學拳法技藝進行了系統的整理，他吸取眾家呼吸法之所長，創立了獨特的呼吸法和練功法，在其女吳榮的協助

下，吳鐘將所學之精藝反覆提煉修改，精研細琢，集其大成。因其動作招式以極快的速度和極大的打擊威力至達八方之遠，即出手起腳無所不用其極也，遂將其所創拳法起名為「八極拳」。

丁、吳兩家師兄弟二人藝成後開始授徒傳藝，創設孟村八式房，廣泛傳授弟子。著名弟子有李大忠、張克明等。孟村成了八極拳的傳播基地，故有「孟村八極」之說。

嘉慶七年（西元1802年），吳鐘無疾而終，享年九十歲。如今，吳鐘的墓地在山東省慶雲縣後莊科村。

2.「羅疃雙雄」——李大忠、張克明

李大忠（西元1810—1874年）、張克明（西元1812—1882年）二人係羅疃莊人。李大忠於1838年拜丁孝武為師，因為李大忠是漢人，丁孝武遂請示師女吳榮，吳榮到孟村考察李大忠，發現李大忠人品好，又是習武奇才，同意丁孝武將其收入門內。羅疃莊與孟村相距大約10公里，李大忠拜師後刻苦練習，幾乎每天往返於羅疃和孟村之間，苦練兩年後丁師病故。李大忠又拜吳永為師，繼續練習八極拳。

張克明自幼也酷愛武藝，見李大忠習練八極拳非常羨慕，遂於1841年由李大忠引薦拜吳榮、吳永二師練習八極拳。從此兄弟倆每天都到孟村吳永師父家中或南皮吳榮師父家中練習，後半夜返回羅疃。二位師父去世後，李、張二人繼續用功鑽研，經過十八年的磨練，終於成為八極拳

門一代宗師。

李大忠、張克明二先生皆以「神槍」聞名於世，又各有千秋。大忠公「神槍」獨步天下，克明公「神拳」名冠武林，被譽為「羅疃雙雄」。他們刻苦鑽研，綜合三師之長，結合原來習武之心得，將孟村老架八極拳昇華，開創了沉墜勁、十字勁、纏絲勁三種勁道，具備了崩、撼、突、擊、挨、傍、擠、靠技擊特點，蘊含著動如猛虎、穩如熊、勢險節短、爆裂突然等風格的「羅疃八極拳」。

李、張二先生又在先師們的基礎上對六合大槍進行改進，使大槍有了大幅度的飛躍。從此，八極拳形成孟村、羅疃兩大流派。

李、張二先生技藝大成後，開設「羅疃八式房」，開始傳授拳、槍等藝。二人開設拳場之後，各門各派及八極本門來羅疃切磋交流者絡繹不絕，二人未嘗敗績。二人後半生教授弟子精益求精，培養弟子入室者共14名，學員不計其數。開始時二人共同教授，以師兄大忠為主，克明輔助之，來投弟子大都拜大忠為師，克明為師叔。

其實，羅疃弟子皆二人共同之弟子。後來，克明公也開設一八式房，教授數名弟子。從此，羅疃分為李家、張家二家八式房。

李、張二先生兼收並蓄，吸收鹽山「左傳」劈掛。實際上八極拳在吳鐘先生之後，各支系已經開始與劈掛拳結合的探索，但羅疃一系結合得最好。這是因為與李、張換藝交心的是劈掛拳一代宗師李雲表。羅疃與鹽山兩家交流延續了三代，直到李書文、馬鳳圖拜黃林彪為師專習劈

掛，才真正完成了八極拳與劈掛拳的結合，這是八極拳歷史上第二次質的飛躍。

李、張二先生挾驚世之藝，勇闖天下。「神槍」李大忠受清朝末年大員文達公南皮張之萬聘請，擔任張府的護衛和教師。因為張之萬從北京到南京巡視，對貪官污吏有先斬後奏之權，因此，貪官惡霸膽戰心驚，便請高手暗害張之萬。在李大忠的一路保護下，張之萬安然無恙，而群寇皆敗。

此後，羅疃八極在清朝末年至民國中期，活躍在諸如皇宮大內、王公府第、北洋軍閥行營、中華武士會、中華民國的中央及地方國術館等處。

3. 無人能敵的「神槍」——李書文

李書文（西元 1862—1934 年），字同臣，河北滄州鹽山縣王南良村人。李書文一生為人光明磊落，疾惡如仇。他以登峰造極的精技純功，鎮邪惡，禦外侮，以武揚威，譽滿海內外。據不完全統計，李書文弟子國內外現有萬人之多。每年清明節前夕，常有不同國家、不同膚色的崇拜者飛抵滄州，前往李書文的墓地拜祭。

李書文幼時首拜八極傳人張景星為師，習練八極拳三年。後拜在師伯黃四海門下習練大槍六載。李書文在師門習武期間，由於天資聰敏，力大驚人，又勤學苦練，倍受李大忠、張克明二位師祖厚愛。

李書文在名人輩出的「神槍窩」裡習武，如魚得水，習拳練槍到了癡狂的境界。他以超常的毅力，獲得了超常

的勁力。幾年後，他的功夫突飛猛進。在家附近練習㨄樁、靠樁，碗口粗的棗樹、槐樹多被他拳腳震死。

練習打沙袋時，50公斤到300公斤的沙袋，他掌擊、肘頂、肩撞、背靠，不知打爛了多少條。習練大槍時，「抽撤」「纏拿」之槍力把大門框劃爛，將門前屋後的棗樹全部劃死。為練好「摧槍問準」，他先對著粗樹練，然後再對著細一點的樹練，最後再對著更細的高粱稈練。

為了練好大槍，他「晝紮銅錢眼，夜紮香火頭」。在家附近的棗樹林中，李書文用大槍紮棗，一槍一棗，百槍百棗。後來對著鏡子裡的自己練，達到了觸而不傷之境界。無論嚴寒酷暑，從不間斷。經過十二年勤學苦練，李書文集師祖、師傅拳技和槍藝之大成，形成了自己的技擊風格。大槍一抖，槍頭閃電般劃出直徑一米多的圓圈，氣勢恰似長江之水，磅礴千里。紮槍恰似流星趕月，鬼恐神驚。其速度之快，力道之猛，準備度之高，已然達到出神入化、登峰造極之境界。

據民國時期《滄縣誌》記載：李書文長得「短小瘠瘦而精悍逼人」，在室內拍掌擊空，離窗五尺，穿紙震盪有聲；用大槍刺壁之蠅，蠅落而壁無痕。鐵錐入土牆壁內，力拔甚難，他以大槍攪之，錐即出。他的族人鄉親，常傳頌他幫助鄉親收糧，背對裝運糧的大馬車，用腳勾起40公斤重的糧袋，挑過頭頂甩到大車上。他幫助鄉親們蓋房上大檁時，用大槍將一根根檁條挑到房頂上。

據跟隨李書文學藝十幾年的徒孫，清末宣統皇帝御前侍衛霍慶雲回憶：神槍李師爺用大槍挑起40公斤左右的大

車軸轆搖風車似的呼呼轉，他經常這麼練，毫不費力。

1895 年，袁世凱開始在天津南郊小站練兵。他利用各種手段和關係籠絡武藝高強之士，並重金聘用日本空手道高手和德國軍事教官來訓練他的精銳部隊。李書文的師傅黃四海收到袁世凱的聘書，因年事已高，特推薦弟子李書文去任教。李書文到兵營後，差人領他到演武大廳見袁世凱。袁世凱及眾教官見他貌不驚人、瘦小枯乾，扛著一杆大槍，誤認為是大槍黃四海的僕人或家童。

當問明情況，知李書文是替師傅來任教官時，眾人哈哈大笑。袁世凱的衛隊武道教官伊藤太郎對李書文十分蔑視，並用小手指向下連續指點。說話間，李書文以閃電般的速度，大槍一擺，刺向廳柱之蠅，蠅落而廳柱無痕，施以「槍刺壁蠅」之絕技。眾人驚愕，廳內立刻爆出了雷鳴般的掌聲。袁世凱連呼：「神槍！神槍！真乃神槍也！」從此，「神槍李書文」名冠天下。

1910 年，俄國拳王馬洛托夫來華，在京設擂臺、貼海報、誇海口，侮我中華兒女，激起中華民眾及有志之士的極大憤慨。京、津兩地武術名手與其較技，均敗。

李書文的師傅張景星時為天津「中華武術會」教習，捎信給李書文。當時李書文正在侍奉臥病在床的師傅黃四海，因黃四海無子，由李書文養老送終。見信後，李書文奉師命立即到京赴擂。一切手續辦妥後，李書文飛身來到擂臺之上，見馬婁托夫體壯如雄牛，好似他平時練功用的 300 公斤沙袋。

馬洛托夫見李書文瘦小枯乾，不免蔑視。李書文義憤

填膺，隨手一記「霸王揮鞭」臥風掌打在了拳王的左腮部，打得馬洛托夫暈頭轉向。未等馬洛托夫反應過來，李書文又發神威，順勢一招「六大開抱肘」，以閃電般的速度，運起千鈞之力將馬洛托夫肋骨打裂，擊下擂臺。

眾人歡呼，廷臣大喜，聯名上奏，欲封李書文為五品武官及近侍衛隊武術總教習，李書文以對師傅黃四海盡孝為由謝辭。宣統皇帝及眾朝臣無奈，賜金佛座像一尊以示嘉獎。李書文回鄉後將金佛像交與弟子霍殿閣保管，後由於戰亂，時局動盪，金佛像已下落不明。

1918年，李書文應奉系將領許蘭州之邀請赴奉天做客。奉軍大帥張作霖久聞「神槍」李書文大名，得知李書文在許蘭州部做客，就親自登門拜會，並聘李為奉軍衛隊、騎兵部隊、步兵軍官訓導營三軍武術總教習。

李書文第一天走馬上任，在張作霖的親自陪同下來到了衛隊訓練場。當時奉系軍閥張作霖與日本有軍事合作，所以，在張作霖各部隊中任武術教官的主要是日本人，其次才是中國人。

當李書文與張作霖及眾將官相見在觀禮臺上時，眾人才看清張大師給他們請來的赫赫有名的「神槍李」是一個精瘦枯乾、身材矮小的小老頭，因為當時李書文已經56歲，因此眾人多有疑慮。隨著一聲令下，眾位日本武術教官各顯技能，場內掌聲不斷。

而李書文面部一絲表情都沒有，更沒有鼓掌助興之意，這下激怒了早欲與李書文較技的日本武術教官岡本、村野等。岡本向張作霖提出要與李書文比武較技，條件是

如李書文贏了，由李書文在此任教官，他們日本人都走；如李書文輸了，讓李馬上離開。張作霖也想見識一下李書文的功夫到底有多高，是不是像人們傳說的那麼邪乎，於是用眼神徵求李書文的意見。

李書文已看出了張作霖的心思，而且對日本人的挑戰也是氣不打一處來，說道：「兩人較技，非同兒戲，難免傷殘。我是一個快入土的糟老頭子，日本人傷了我無所謂；但如果我傷了日本人，日本當局怎能與你張大帥善罷干休？這樣吧，讓我們按規矩各立一張生死文書，無論哪一方傷殘，都不要償命，這樣我才能與日本人交手。」

張作霖同意，李書文方走下場與岡本較量。立了生死文書的岡本更加狂傲，急不可待地揮動雙掌，惡虎擒羊般朝李書文頸部擊去。李書文迅速側身躲過，順勢一掌擊中岡本肩頭，岡本的肩胛骨立即粉碎。眾日本武道教官不服氣，還要與李書文較量，被張作霖制止。

李書文一生挾技遊天下，較技近40年未逢敵手，傷於其拳、槍技者無數。李書文收徒傳藝不論貧富貴賤、地位高低，而喜其德才。

李書文晚年時居住在天津市南郊區北閘口堂孫李之芳處。1934年秋，李書文去世，享年72歲。

4. 威震武壇的「鐵巴掌」——吳會清

吳會清（西元1869—1958年），字穆亭，回族，孟村鎮人。吳會清自幼從師伯父吳愷學藝習八極拳，兼習劈掛拳、九宮純陽劍等，以輕功、鐵砂掌著稱。他膽識過人，

聰穎好學，每天除去蹲樁打樁外，出入家門時，雙手都各提一個六十餘斤重的壇子，久而久之，練就了一雙鐵臂。

當時，孟村鎮有一古廟，廟裡有一巨鐘，會清每晚都以掌擊之，鐘嗡嗡作響，聲震五里之遙，鄉人贈其綽號「鐵巴掌」。

有一年，孟村鎮重修魁星閣，閣分兩層，塑魁星一尊，重 140 公斤，眾人正為如何將塑像搬往閣上犯愁之時，會清至，聞言，單臂夾起塑像，登上二層閣樓，穩穩放於像臺上，眾人齊呼「神力」。

吳會清疾惡如仇，仗義為民。清政府在孟村鎮設有巡監署，人稱巡監衙門，主管當地巡監、徵稅、刑事及民事案件。當時回漢兩族部分窮人以販私鹽謀生，而歷來食鹽須由官方買賣，獨家經營，巡監署售鹽都以十六兩進，十八兩出，以此盤剝鄉里，民眾敢怒不敢言。於是，在吳會清的率領下，眾弟子與鄉親們積極配合搗毀了巡監署，嚇得巡監官狼狽逃竄。至此，孟村鎮歷經幾百年的巡監衙門從此宣告關閉。

吳會清怒砸巡監署後，恐官方緝拿，隻身流浪關外，幾經輾轉到了營口。一日，行至街中，忽見一重車驛馬受驚，在街上狂奔。觀一老婦人抱一小孩，驚慌中將孩子掉下滾入街心，吳會清見狀躍上前去，用手中棍杖插入車輪將車掀翻，孩子得救。此後得知孩子乃一礦主之子，礦主為報救子之恩，送會清銀兩酬謝，並對會清給予了妥善安置。

吳會清在營口住下後，以礦主所送銀兩做商販生意。

滄州籍的一些商戶與會清敘鄉情，聞營口一帶一些地痞流氓組成幫會，專欺外地商客，會清遂留心。

一日，吳會清正在營業，見一群地痞鬧事，會清見狀，衝上前去怒打不平。惱怒的地痞提出擇日選一地點，要與會清決一雌雄。時到，數十名地痞手持利刃棍棒躍躍欲試。會清卻獨身一人，手持梢子棍，與眾地痞戰成一團。結果，數十名地痞均被會清打得落荒而逃。

從此，吳會清名揚營口，人們都很佩服他的武功和匡扶正義的人品。想到家中老人年事已高，需要自己盡孝，幾年後，吳會清棄業返鄉。

這時，孟村的「同樂會」劇社面臨倒閉。「同樂會」的人聞聽會清返鄉，喜出望外，隨即將他邀到「同樂會」。會清見「同樂會」門庭冷落，數十人生活無著，遂用營口經營所得買下「同樂會」，重新添置了戲劇服裝，更名「義盛公」。「義盛公」既是戲班，也是武場，其劇碼多以武戲為主，武打中用的都是真刀真槍，舞臺上除八極拳徒手對練外，還有飛鏢、貼柱等奇功，所到之處表演，無不讓人稱口叫絕。從此，吳會清繼承傳統，弘揚祖業，走上了以戲養武、武戲結合的道路。

1930年，年近花甲的吳會清在徒侄強瑞清的鼎力協助下，彙集了八極拳門各支系的弟子，歷時三年，重續了河北省滄縣孟村《吳氏開門八極拳秘訣之譜》，為八極門後人留下了一份不可多得的珍貴歷史文化資料。

吳會清打破「教拳不授拳理」的傳統觀念。授徒的同時，注重理論講解和技術的實用講解。他廣收門徒，為擴

大八極拳在滄州一帶的廣泛傳播做出了積極貢獻。

1955年，河北省孟村回族自治縣成立，吳會清當選為縣人大代表。1958年春吳會清逝於孟村，享年89歲。

5. 皇帝護衛武師——霍殿閣

霍殿閣，字秀亭（西元1886—1942年），直隸滄縣南小集人，著名八極拳拳師「神槍」李書文的開山弟子，曾為清朝末代皇帝溥儀的武術老

師兼護衛，1932年攜侄霍慶雲等人隨溥儀到東北，在東北的八極拳傳人較多，是霍氏八極拳創始人。

霍殿閣的家鄉滄縣小集有個姓張的人家，跟南皮狀元府的「南皮張」張之萬、張之洞是本家。張家請武師教子練武強身，14歲的霍殿閣和幾個小夥伴陪張家子弟練武，後「神槍」李書文到張家教拳，16歲的霍殿閣又隨「神槍」李書文習八極拳、六合大槍等技藝。霍殿閣天資穎慧又刻苦練習，經過一段時間的練習，在眾多的小夥伴中脫穎而出，深得「神槍」李書文偏愛，收為入室弟子。霍殿閣尊師若父，從師苦練十二年。後來，「神槍」李書文從軍隊回鄉即住在霍家。

霍殿閣苦練大槍，滑桿子將門框滑成凹形。大杆子一擰，槍圈像笆籮一樣大。練準頭紮香頭、紮鏡子，達到觸而不傷的境界。霍殿閣功力奇大，一人深的土坑，壓地石滾子掉入，幾個小夥子往外抬都非常費力，霍殿閣卻跳下用雙手抱起，一下拋出坑外。家中修房子，霍一手提一桶泥登著梯子上房，非常輕鬆自然。

霍殿閣隨「神槍」李書文到北京、天津闖蕩，磨練其技。由於尊師「神槍」李書文之言傳身教，其藝大精，漸入化境。1910年，中華武士會成立，霍殿閣隨尊師赴天津任教習，與其師表演六合大槍對紮，藝驚津門。

1914年，其師將霍殿閣推薦到黑龍江師長許蘭州將軍處，任軍官學校武術教習。許蘭州將軍是當時黑龍江省陸軍師長，後為黑龍江省幫辦。1917年9月，許赴奉天投奔張作霖，霍殿閣亦隨許蘭州到瀋陽張作霖軍中任教習。

後來霍殿閣應許蘭州之請，開辦天津三十五國術館，招收弟子。天津紫竹林租界的達官顯貴在禮拜天集會，許蘭州將軍經常帶霍殿閣師徒前往。有時盛情難卻，霍殿閣就略做表演，稍用力跺碾，鋪地薄石板便應聲破碎。練寶劍穿劍一式，寶劍飛出，霍殿閣八步趕蟬將寶劍抓回來。練六合大槍之「蘇秦背劍」一式接偷步跳躍，一擰腰竄出丈餘，有「前竄一丈後跳八尺」之功，在場達官顯貴無不讚歎其神功。

遜帝溥儀要習武強身，學習祖先當馬上皇帝。許蘭州將軍向溥儀推薦霍殿閣師徒，溥儀聘霍殿閣為他的武術教師。霍殿閣當溥儀的武術教師可謂樹大招風。有一武師騎馬來訪，口氣頗大，霍殿閣為了不傷和氣，不願與其動手。但為讓其服氣，霍殿閣露了一手千斤墜的功夫，就是讓武師的馬拉著自己，武師連打數鞭，駿馬奮力向前拖，但霍殿閣紋絲不動，武師嘆服。

1937年6月，霍殿閣之護軍弟子和日本士兵打鬥，踢死日本狼狗，打傷10餘日本兵。日本人乘機迫使溥儀趕走

霍殿閣的護軍弟子，解散護軍衛隊，霍殿閣也遭到處置，
離開了溥儀。

霍殿閣客居長春期間，開八式房招收弟子，廣泛傳播
八極拳，就學的有眾多原來的護軍弟子和長春新入門的弟
子。霍殿閣為人極重義氣，當年在瀋陽結交的金蘭兄弟們
生活艱難，到長春找到他，他都熱心幫助解決困難。

1942年，霍殿閣去世，靈柩發回滄州小集。

霍殿閣因武功精湛被列入民國22年《滄縣誌》。霍殿
閣成為繼其師「神槍」李書文之後的八極門中期的又一代
宗師。

霍殿閣將八極拳傳播範圍擴大到東三省，因此長春被
稱為八極拳的又一個「故鄉」。

九十年代中期，霍殿閣所傳八極拳門人在滄州小集樹
碑立傳，以紀念他傳授八極之無量功德。

6. 名冠武林雙傑——馬鳳圖、馬英圖

馬鳳圖（西元1888—1973年），字健翔，回族，河北
省滄縣楊石橋（今屬孟村回族自治縣）人。馬鳳圖出身回
族武術世家，是中國近代著名愛國武術宗師，長期投身於
民族解放的正義事業，精通八極、劈掛、六合槍法等。

馬鳳圖幼年與父馬捷元學劈掛拳，與舅父吳懋堂學青
龍拳、八極拳。

1909年，馬鳳圖以不第秀才資格考入天津北洋師範學
院。不久參加孫中山領導的同盟會。因為精通武術，膽氣
充盈，被推為鐵血團成員，參與了許多秘密活動。

1910 年，馬鳳圖奉同盟會之命，為對抗日本武士，同李存義、李書文、李瑞東等一起創立中華武士會，任副會長兼教習。

1920 年，馬鳳圖返鄉務農，耕田為業，同時練武兼習中醫。

1923 年，家鄉大旱，馬鳳圖率二弟英圖、三弟昌圖及長子廣達赴豫投奔馮玉祥。不久隨馮進駐北京，曾任前門稅務稽查主任、通縣稅務局長。

1929 年，馬鳳圖創建張掖縣國術館後，參與甘肅省國術館之籌建，任副館長。

1933—1935 年之間，馬風圖創辦了甘肅省國術館和青海省國術館，曾兼任兩個武術館的副館長。

馬鳳圖長子馬廣達以刀法見長，曾任馮玉祥部手槍隊隊長等職，抗戰爆發後，犧牲於長城戰線。馬鳳圖老年喪子，受到了很大的打擊，從此脫離政界，專心研討武術及中醫。

1945 年以後，馬鳳圖任西北師院體育系兼職副教授。

1949 年，新中國成立後，馬鳳圖謝辭了人民政府所予的物質待遇，專門從事醫學工作。歷任甘肅省政協委員、省民革常委、省武協主席、省中醫協會主席等職。晚年客居西北，經數十年之傳習與研究，融會各家之長，形成了以他為代表的，以「通備勁」為核心的劈掛、八極、翻子、戳腳以及奇槍、風魔棍、劈掛刀、袍劍、纏絲鞭杆等拳械的獨特風格，並廣為流傳於西北諸省、區。他的武術理論，尚存 20 萬餘字手稿。

1973年，馬鳳圖去世，享年85歲。

馬英圖（西元1898—1956年），回族，河北滄州東南鄉楊石橋人，出身武術世家，長期從軍，是中國近代八極、劈掛門類武術的代表性人物，幼從兄馬鳳圖練習劈掛拳和八極拳，是張拱辰晚年入室弟子，習八極拳內招「六大開」「八大招」及六合大槍等。

1910年，12歲的馬英圖在天津中華武士會表演八極拳，得到「神槍」李書文的稱讚「這愣小子打出點頂拔勁來了，將來能是把好手」，後果真被李言中。馬英圖功力奇大，性如霹靂，喜較技，擅搏擊，出手快且狠，故有「閃電手」「馬狠子」之譽。

民國初，馬英圖隨馬鳳圖到東北，就讀於奉天警官學校，期間從東北諸名家處習得翻子、戳腳等藝，並在瀋陽幾家中小學兼授八極、劈掛等拳。

1920年，從馬鳳圖在河南加入馮玉祥部隊，積功為上校參謀等職。

1923年，馮軍與奉系李景林部「廊坊大戰」，馬英圖受馮軍前敵總司令張之江之命，率主要由滄縣武術健兒組成的敢死隊持大刀、短槍為全軍開路，攻克天津，受馮玉祥嘉獎。

1927年，張之江赴南京創辦中央國術研究館，馬英圖以西北軍官身份同往，為武術館開創者之一。

1928年，中央國術館正式成立，馬英圖任少林門長，後來任一、二科科長。隨即籌備第一次全國國術考試，為制定國考規則，內部舉行散手和長短器械對抗賽，馬英圖

連挫名手，被譽為國術館實力派之代表人物。

1928年國考中，馬英圖所向披靡，名列優等。閉幕式上，馬英圖與其他優等生為出席大會之蔣介石、林森、戴季陶等表演紮槍、劈刺，獲好評。後來主要為國術館學員教授八極、劈掛、苗刀、大槍等藝。

俄國一擊劍高手到中央國術館比試，馬英圖應戰。俄高手劍一出，馬英圖如閃電般身形一轉，一個纏絲劍劈中對方手腕，俄高手劍落，遂服氣。

1949年，馬英圖隨傅作義部於北京起義。後因病退伍，歸隱在甘肅省涇川縣務農。

7. 亦文亦武大宗師——劉雲樵

劉雲樵（西元1909—1992年），字笑塵，河北省滄州集北頭村人，今屬南皮縣。

劉雲樵是家中獨子，自幼備受鍾愛。但他幼年體弱多病，五歲時，父親便讓他跟著家僕張耀廷學習迷蹤拳。劉雲樵一邊學拳，一邊還接受張耀廷的推拿按摩治療。幾年下來，不但強壯了身體，而且還打下了堅實的武術基本功，從此他與武術結下了不解之緣。

劉雲樵七歲時，父親因他喜好武術，特意將大名鼎鼎的八極拳名家李書文請到家裡，為其傳授武藝。當時李書文以「神槍」名重京津，不是一般人家能請得動的。因為李書文曾在劉雲樵的叔父軍中擔任過教習，劉家又待以超常的禮數，所以才能請到府中。

李書文教人最重實功實練，對弟子要求很嚴苛。在一

年多時間裡，只教劉雲樵練基礎功底，非常枯燥乏味，年幼的劉雲樵跟著這位名師真吃了不少苦。練排打功時，李先生親自拿著木棒在劉雲樵全身上下敲得砰砰作響，身上不時被打得青一塊、紫一塊。

後來，劉雲樵還經常跟著師傅四處遊歷，武藝膽識都大有長進。李書文向來都是八極、劈掛兼而傳習，教劉雲樵也是如此，所以劉雲樵從小就掌握了滄州這一長一短兩門上乘武藝。

劉雲樵20歲時，曾從師傅遊歷山東，在駐防黃縣的張驤伍將軍處住過一段時間。張驤伍將軍是民國年間著名的武術宣導者，精通多種拳法，曾師從李書文練習六合大槍。劉雲樵師徒在黃縣盤桓了兩年多，劉雲樵先後從張驤伍將軍學習太極拳、昆吾劍等；從煙臺籍八卦名家宮寶田學八卦。此外，還正式拜黃縣丁子成為師，學習丁子成的七星螳螂拳和六合拳。

20世紀20年代到30年代初，華北各地武風昌盛，名家輩出，武術界風氣醇厚，加上李書文名望高，交遊廣，所到之處無不受到熱情迎送。劉雲樵跟著師傅見多識廣，對他的一生產生了深遠影響。後來，八極、八卦、螳螂成為他的武學之本，而三門之中終究以八極傳授最高，是他一生守身立名的根本藝業。

1949年，劉雲樵隨國民黨撤離到臺灣，曾在國防部人事次長室和聯勤總司令部等部門任職，至60年代末以上校軍階正式退役。

劉雲樵深厚的武功曾受到蔣介石和蔣經國的青睞。70

年代初，他應聘為蔣介石總統府侍衛組織的武術教練，受到蔣介石接見。後來又受聘在蔣經國舉辦的聯指部拳術師資訓練班擔任教練，先後訓練了四期學員，其中包括擔任蔣經國總統衛隊的七海警衛編組。

晚年的劉雲樵，全部精力都投入到弘揚中華武學的事業中，特別是為傳播八極拳做了大量的工作。他曾擔任臺灣太極拳協會榮譽會長，「中華國術會」訓練委員會主任等社會職務，熱心傳播武術的公益事業。

他在臺北創立了「武壇國術推廣中心」招收學生，傳習八極等拳法和多種傳統健身方法，還創辦了《武壇》雜誌，向海內外發行。推廣中心傳授武術不收取學費，《武壇》雜誌也主要由他自己籌資刊印，以至不得不將自己的退休金都貼進去。經他的不懈努力，推廣中心在海內外發展了十多處分壇，弟子累積近萬人。

劉雲樵從來都注重文武兼修，習武之外，他還著書立說，1983年香港版的《八極拳圖說》和1985年日本版（大柳勝譯）的《八極拳》，皆為劉雲樵武學專著。

劉雲樵還有另一個愛好是研習書法。幾十年臨池不輟，使他對書法有深邃而獨到的理解，時常在「揮毫落紙如雲煙」中悠然自得。他的字勢遒勁俊逸，縱橫飛動，透露出一個武術家特有的氣質和意趣。他的書法作品，豐富了八極拳的文化涵蘊，為八極拳添增了不少的色彩。

1992年1月24日，劉雲樵在臺灣去世，享年84歲。

劉雲樵去世後，臺灣各界於1992年2月21日以武壇宗師的名位，為他舉行了隆重的公祭儀式。當局為他頒發了

「武學貽徵」輓額，武術界普遍送了輓聯、輓幛，各家傳媒都有詳盡的現場報導。在臺灣，以一個武術家享受這麼高的公祭規格是絕無僅有的，社會反響之大和評價之高也是不多見的。

8. 八極拳傳人——吳連枝

吳連枝（1947年—），字洪鶴，八極拳七世嫡傳，孟村吳氏開門八極拳代表人物。1947年出生於回族武術世家，自7歲即在其父吳秀峰的精心指導下苦練八極拳，盡得真傳。

吳連枝18歲開始授徒，其弟子中有成就者數十人，曾多次在全國及國際武術比賽中摘金奪銀。

1976年，其父因車禍突然去世，給吳連枝帶來了沉重的打擊。由於思父之心太重，只要一練拳他就想會想起父親，所以在父親去世後的三年中一直沒有練拳。改革開放之後，吳連枝認為祖宗的東西不能丟，他要重振「吳氏開門八極」，於是在師兄弟們的幫助下，吳連枝繼任掌門，並改名為吳氏開門八極拳研究會。

1991年，日本一家電子遊戲公司以吳連枝八極拳技擊動作為藍本製作了一款格鬥遊戲——《VR戰士》，全球銷量已經多達500多萬套。因此，日本、韓國、新加坡、美國等許多外國弟子越來越多。

吳連枝在八極拳的理論和技術研究上頗有著述，在日本出版了《吳氏開門八極拳》著作3部；在國內出版發行了《中國傳統武術系列規定套路—八極拳》一書，用中、

日兩種語言發行的教學光碟達20餘盤，其用力學原理解釋的八極拳技術論文達十餘篇。比如，八極拳中的踩、碾、衝，實際就是沉力、旋轉力和加速度三種合一，因為這三種的合而為一才使得八極拳的發力增大。

如今，吳連枝在孟村辦了一個八極拳國際培訓中心，已頗具規模。八極拳是滄州的非物質文化遺產，但它不完全屬於滄州，它應該屬於全中國，屬於全世界。中華民族的偉大復興不僅僅是在經濟上，傳統文化的復興也很重要。吳連枝說：「若干年後，如果全世界都爭著學說中國話，爭著學練中國傳統功夫，那中國在世界上的地位得多高啊！」

2007年6月，河北省人民政府和河北省文化廳向吳連枝頒發「省級非物質文化遺產」證書。

2008年6月，中華人民共和國文化部向吳連枝頒發「國家級非物質文化遺產」證書和代表性傳承人獎章。

2012年1月，中央電視臺體育頻道《武林大會》頒發聘書，聘吳連枝為常任專家評委。

第二章

八極拳精華功法

第一節　八極拳跺腳功

八極拳的「跺腳」也稱「跺子」「震腳」，是八極拳特有的風格特點。所謂「跺腳」，即練習者在行拳、練功時，抬腳離地寸距後向地面跺踏，透過訓練提高此能力便是八極拳的跺腳功。

一、八極拳跺腳功的內容

習拳者必須首先掌握好跺腳技術，然後逐步提高跺腳的功力，並從中悟出八極拳的精華所在。

八極拳的「跺腳」有原地跺、上步跺、退步跺、雙腳跺、單腳跺、碾腳跺等幾種，且有輕、重、緩、急、明、暗的區別。練習跺腳功時，要細體悟、常修煉，才會有很大的提高。

二、如何練習八極拳跺腳功

1. 要選擇適宜的練習場地

跺腳功練習最好選擇在土質地面或武術專用地毯上進

行，水泥地面和木質地板都不易產生穿透勁，且易使練習者受傷。

2. 要循序漸進

練習時由輕漸重，以輕為主。特別是初學者不要輕易發力，需透過多練暗勁，使勁力練得和順、周身協調一致後再循序漸進嘗試發力。

即便有一定的功力者，也要明勁、暗勁交替練習，無度地大發明勁，容易產生身體的損傷。

3. 要與擤氣配合

跺腳功練習本身就是一種擤氣、發力的過程，二者相合一體，不能出現任何一種的超前或滯後現象，更不能在跺腳時沒有擤氣，同時擤氣的程度要與用力的輕重相一致。

4. 方法要正確

練功時腿要適度的彎曲，過直不利緩解地面的反作用力，過曲則易使跺腳與整體勁力脫節，從而產生局部用力、整體不合的現象。初練者腿的彎曲度可略大一些。

三、八極拳跺腳功的作用

1. 助拳勢

經由跺腳技術的練習，可使全身勁力協調和順，從而

有助於上肢、軀幹等部位的發力，增加打擊力度和效果。

2. 固根基

發力產生的沉墜勁，由跺腳直透地表，紮向地下，使人腳下生根，下盤穩固，也就是在瞬間迅速增加了腳與地面的摩擦力。

3. 增功力

經過長期的跺腳功練習，可增加下肢的勁力，產生較強的踢透力和抗擊力，從而練出一雙堅硬的「鐵腳」來。

4. 攻下盤

擁有強大的跺腳功力，實戰時可以踩踏對手的腳背，踩中則可碎其腳趾、腳骨，踩不中也可佔據中門，擾亂對手的心法、節奏和招式等，同時又可吃住其下盤，施展三盤連擊的技法，使對手防不勝防，極具實效性。

5. 存威懾

跺腳功的運用可產生山崩地裂的氣勢，實戰時可以起到威懾對手的作用，在心理上給對手施以壓力，使其產生畏懼感，達到先聲奪人之效。

6. 變方位

透過跺子有助於突然改變體態、重心和發力的方向，可隨機應變，調控出有利於自己的實戰局面。

四、練習跺腳功易犯的錯誤

1. 抬腳過高

八極拳的步法要求貼近地面而行，以求保證下盤的穩固性。

2. 落腳不實

落腳聽起來啪啪直響，這是由於勁力只停留在地表面，沒有將勁力透入地下。

3. 力點不明

力點不明主要是指腳趾、腳掌、腳跟和腳掌外側等部位用力不清，或產生錯誤的局部用力，從而造成腳跟或腳踝等部位的損傷，影響了練功效果。

4. 勁力不合

跺腳用力與整體勁力、擰氣不協調，致使內氣不能下貫，勁力無法下沉。

5. 訣竅不清

練習跺腳不得要領，既影響整體拳技水準的提高，還會造成損傷，輕者容易使足部受傷，嚴重者會震動大腦，引發腦血管病變。

八極拳是一種就地取力的拳術，切記落腳時要十趾抓

地，決不可用腳跟先著地。同時還要注意，八極拳的跺腳與長拳的震腳是有差異的，訓練時要區別開來。

第二節　八極拳蹲樁功

八極拳蹲樁功練習以「兩儀樁」為主，練習者需精修勤悟。

一、「兩儀樁」功動作及要求

兩腿下蹲站立呈馬步，雙腳分開距離為練習者腳長的2～3倍，大腿與小腿夾角在90°～110°。兩腳平行，腳尖稍內扣。右（左）手握開口拳（五指扣攏住，虎口撐圓，拳心呈通狀），勞宮穴向上，上肘彎曲置於胸上方、腮下處。左（右）手握開口拳，勞宮穴向下，下肘彎曲挎於胸部乳下方側處。

【要求】

頭頂懸領，雙目平視，微收下頜，頸順挺項，齒扣唇和，舌抵上齶，鬆肩沉肘，背圓胸空，握開口拳，雙膝內扣，斂臀裹襠，塌腰坐胯，兩足分立，圓襠撐膝，雙腳抓地，腳跟內旋，氣發丹田，氣息綿長，閭尾中正，貫氣行體，神圓自如，心無雜念，渾圓一體。上有頭百會擎青天，下有腳湧泉固大地。招立頂天地，式穩如泰山。

二、練習「兩儀樁」功的注意事項

1. 不要在過於疲勞時練功，避免累傷身體。

2. 選擇清涼、安靜的場所如草地、樹林或溪畔處練功。勿在強燈光或強噪音的環境下練功。

3. 飯前、飯後45分鐘內勿練功，有飲酒、吸菸嗜好者應戒掉後再開始練功。

4. 風雨交加，雷鳴電閃之時勿練功。

5. 少年兒童一般不宜練此功法，欲練當有明師指點，切記。

6. 無論在室內還是室外練功，都應嚴格要求，蹲好拳架。但也不可蹲沉過低，一般以臀部稍過自己膝位即可。如架子過低，容易蹲成「死板」，而過高則又會因身體乏力而不穩固。

7. 練功時應該內外如一，身心透空，身正勢穩，勁力通達，從而增強自身的功力。

8. 練功時講究心靜、體暢、氣順、意守。

9. 練習「兩儀樁」功法之呼吸，通常用腹式深呼吸法。行功修煉時要自然呼吸，「鼻吸鼻呼」，深吸緩呼，意守內丹，氣行周身，腹實胸暢，氣暢勁達。

10. 練功時間和方位有講究，「兩儀樁」功法練習以早上的5～6時和晚間的21～22時為佳。也可根據個人的時間安排練功。

一般早功面對東方練習；午時練功面對南練習；晚間練功面對西練習。其故有採日月之精華之意。

11. 練功時間的長短也有講究，初練的青壯年每次30～60秒。可根據功力之增長逐漸延長時間，同時樁架可愈來愈蹲的低沉一些，但也不可過低。

第三節　八極拳擤氣功

一、八極拳擤氣功的作用

拳語云：「內練一口氣，外練筋骨皮。」擤氣功是八極拳非常重要的內容，它有穩下盤、增勁力、壯筋骨、促六合的作用。

1. 穩下盤

透過擤氣，促進內氣下貫，從而使下盤穩固。所謂「氣沉則穩，氣浮則飄」。

2. 增勁力

透過擤氣激發丹田之氣，由肢體的發功點發出，從而增加發功點的打擊力度與效果，可以透入對方體內，傷其內臟器官。

3. 壯筋骨

擤氣瞬間可增加身體各部位的抗擊打能力；也可利用擤氣產生反彈之力傷及對手。因此，對手用力越大，受傷越重。

4. 促六合

外三合為「手與足合、肘與膝合、肩與胯合」，是對

055

身體外形協調一致的要求。內三合中的「心與意合、意與氣合」，是對人體內在因素和精神方面的要求，「氣與力合」則是溝通內外的關鍵環節。

二、正確練習擤氣功

擤氣功常見的錯誤是沒有擤氣、單純模仿、要領不明、時間過長、氣力不合。所以，正確練習擤氣功要做到以下兩點：

1. 明確擤氣的過程和要求

八極拳的擤氣是指在發力的瞬間快速排出體內的浮氣，從而使內氣下貫。擤氣的關鍵是整個過程要在極短的時間內完成，要與發力同步。

2. 要分清楚「哼、哈」二氣的區別

「哼、哈」二氣的區別是由擤氣的程度決定的。而擤氣的程度又取決於發力，即擤氣與發力在程度上應該是高度一致的。發力小或打暗勁時，擤氣則輕微，這時排出浮氣的量也小，只用鼻腔即可完成，此時氣流通過鼻腔所發出的聲音是「哼」。

發力較大或放足勁時，擤氣則重，這時排出浮氣的量也大，而鼻腔狹窄，顯然不足以完成任務，這時就需要用口腔補充，甚至以口腔為主，以保證擤氣的順利完成，由於大部分高速氣流由口腔通過，所以發出的聲音是「哈」。

三、練習擤氣功的注意事項

1. 練習擤氣功最好是找有經驗的老師指導訓練，這樣容易掌握要領，還不易出偏差。

2. 要堅持循序漸進的原則，由輕漸重，仔細體會要領，找準感覺，當感到已經符合要求後，再逐漸加重。

3. 擤氣要在極短的時間內完成，不能有意識地截斷氣流。

4. 擤氣要與發力密切配合，首先要達到同步的要求。有的練習者只用鼻腔擤氣，在發力較大時由於鼻腔狹窄而憋得滿臉通紅，致使氣血上湧，不但會造成鼻腔內毛細血管的破裂出血，還會對腦血管及腦神經產生不良影響。

5. 如果發力較小只用鼻腔擤氣時，舌舔上齶是對的。但當發力較大而需要用口腔參與時，舌頭就會阻礙氣流噴出，從而影響擤氣的正常進行。

6. 擤氣時間加長並不會起到擤氣的作用，既不能增加勁力也不能提高抗擊打能力，而且還會使氣息紊亂，事與願違。

7. 擤氣與發力不同步，即二者之一不是超前就是滯後。主要表現在先擤氣後發力或先發力後擤氣，還有一種是擤氣時間長於發力時間。

8. 練習時發力要時輕時重，則「哼、哈」二氣就兼而有之了。

第三章

八極拳套路展示

第一節　八極拳套路的基本動作

一、手型

1. 拳

四指捲緊握實，拇指的第一指節壓在食指和中指的第二指節上。拳分為立拳和平拳，拳眼向上為立拳，拳心向下為平拳。（圖1–1、圖1–2）

圖1–1

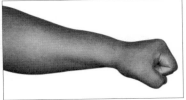

圖1–2

2. 掌

掌分為柳葉掌和荷葉掌。

（1）**柳葉掌：**四指併攏伸直，拇指第一指關節彎曲內扣。（圖1–3）

（2）**荷葉掌：**五指自然分開，掌心微內含。（圖1–4、圖1–5）

圖1–3

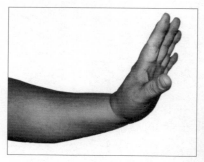

圖1–4

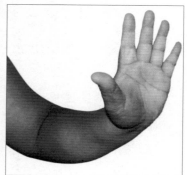

圖1–5

二、步型

1. 併 步

兩腳併攏直立，身體自然站立。（圖1–6）

2. 開 步

兩腿分開直立，身體重心置於兩腿之間。（圖1–7）

圖1-6

圖1-7

3. 弓 步

　　兩腳分開，兩
腳相距約3個腳的
長度，前腿屈膝下
蹲，腳尖向前，微
向裡扣，膝蓋與腳
尖垂直；後腿伸
直，腳尖裡扣，腳
跟不得離開地面，
身體重心稍偏重於
前腿，身體稍前傾，收腹斂臀。（圖1-8）

圖1-8

4. 馬 步

兩腳平行開立，相距約3個腳的長度，屈膝半蹲，腳尖微向裡扣，膝蓋不超過腳尖。（圖1-9）

5. 虛 步

一腿屈膝半蹲，全腳踏地支撐身體；另一腿腳尖內扣，虛點地面。（圖1-10）

圖1-9

圖1-10

6. 獨立步

一腿支撐站立，另一腿向上提膝，腳尖向下垂立。
（圖1–11）

7. 丁　步

一腿略屈膝下蹲，另一腿屈膝，腳尖點地，置於另一
腳內側。（圖1–12）

圖1–11

圖1–12

8. 跪 步

兩腿前後分開，前腿屈膝下蹲，後腿屈膝跪地，膝部接近地面，腳跟拔離地面，臀部後坐。（圖1-13）

9. 雙弓步

兩腿前後分開寬於肩部，前腿屈膝，全腳踏地；後腿稍屈膝，腳掌蹬地，腳跟拔起。（圖1-14）

圖1-13

圖1-14

三、手 法

1. 托掌

手臂微屈，掌心向上，由下向上托起。（圖1–15）

2. 按掌

手臂微屈，掌心向下，由上向下按壓。（圖1–16）

圖1–15

圖1–16

3. 撐 掌

一手臂或兩手臂由屈到直，立腕推出。（圖1–17、圖1–18）

圖1–17

圖1–18

4. 架 掌

兩手臂屈肘，手腕相搭，掌心向外，由下向上架起。
（圖1-19）

5. 塌 掌

兩手臂由曲到直向體前下方塌按。（圖1-20）

圖1-19

圖1-20

6. 擋 掌

兩手臂微曲，手腕相搭，掌背由內向外擠擋。（圖1-21）

7. 撩托掌

雙掌由體側向體前撩托，前手臂掌心向上，後手臂屈肘翻掌，掌心斜向上方。（圖1-22）

圖1-21

圖1-22

8. 衝 拳

一手臂或兩手臂由曲到直，握拳直線向前衝打，力達拳面。（圖1–23）

9. 摜 拳

手臂由外向內直肘，擰腕橫向摜打，力達背面。（圖1–24）

圖1–23

圖1–24

10. 栽 拳

手臂由曲到直，由上至下直臂旋腕栽打，力達拳面。
（圖1-25）

11. 砸 拳

手臂由上向下砸擊，力達拳背。（圖1-26）

圖1-25

圖1-26

12. 劈 拳

手臂微屈，由上至下劈擊，力達拳輪。（圖1–27）

13. 崩 拳

手臂由曲到直，由內向外崩撩，力達拳背。（圖1–28）

圖1–27

圖1–28

四、肘法

1. 頂肘

手臂屈肘由下向前頂擊，力達肘部。（圖1-29）

2. 側擊肘

雙手臂屈肘平舉由內向外平肩側擊，力達肘部。（圖 1-30）

圖1-29

圖1-30

3. 盤 肘

一手臂屈肘由外向內水平擺擊，力達肘部。（圖1–31）

4. 架 肘

一手臂屈肘由下向上架於頭上方，力達小臂及肘部。（圖1–32）

圖1–31

5. 格 肘

一手臂屈肘由外向內豎立格擋，力達小臂及肘部。（圖1–33）

圖1–32

圖1–33

五、腿法

1. 彈腿

彈腿分為低彈腿、中彈腿和凌空彈腿。

（1）**低彈腿**：一腿由屈到直向體前彈踢，腳面繃展，力達腳尖，腳高不過膝位。（圖1–34）

（2）**中彈腿**：一腿由屈到直向體前彈踢，腳面繃展，力達腳尖，腳高與襠位齊平。（圖1–35）

圖1–34

圖1–35

（3）**凌空彈腿**：雙腿蹬地，身體騰空，一腿屈膝上提，另一腿由屈到直向體側彈踢，腳面繃展，力達腳尖，腳高不低於襠位。（圖1-36）

2.戳　踢

一腿直膝，由後向前腳底戳地踢出，腳尖稍上勾，腳底微離地面，力達腳尖及腳前掌。（圖1-37）

圖1-36　　　　　　　　圖1-37

六、步法

1.上步

一腳向前邁一步。

2. 退 步

一腳向後移一步。

3. 震 步

震步又稱震腳、跺子。一腿屈膝上提，腳離地寸距，全腳掌迅速向地面震踏，五趾扣地，腳心含空，並伴有擤氣，以助發力。震步通常包括單震、雙震、退步震、碾腳震等幾類。

闖步：一腳原地震腳後，另一腳迅速前衝落步，身體隨之向前衝撞。闖步分為左闖步和右闖步。

4. 碾 步

全腳落地時，腳掌或腳跟向裡或向外蹬碾地面發力，並伴有擤氣，發「哼」聲。

5. 進 步

前腳向前上一步，後腿隨之跟進一步。

第二節　八極拳套路動作名稱

起 勢
第一段
1. 併步雙按掌（猛虎回頭）
2. 馬步雙推掌（雙龍出洞）

3. 蹲步閉襠（帶馬歸槽）

4. 獨立托掌（金雞獨立）

5. 挑拳戳踢（武鐵碎石）

6. 馬步頂肘（左）（烈馬衝槽）

7. 馬步頂肘（右）（烈馬衝槽）

8. 馬步摜打（霸王甩鞭）

9. 馬步衝拳（仙人指路）

10. 架肘擊襠（武松打虎）

第二段

11. 架肘彈腿（黑狗鑽襠）

12. 馬步砸拳（閻王點手）

13. 弓步十字捶（力士開弓）

14. 馬步雙撐掌（二郎擔山）

15. 馬步推掌（推窗望月）

16. 托塌連環掌（猿猴獻果）

17. 弓步雙推掌（推山入海）

第三段

18. 纏臂架打（大纏）（蛟龍翻浪）

19. 馬步側頂肘（猛虎衝柙）

20. 纏臂架打（大纏）（蛟龍翻浪）

21. 纏腕衝打（小纏）（白蛇吐信）

22. 轉身掛塌（海底探寶）

23. 連環撩托掌（仙人撩袍）

24. 馬步抽擊（迎門送客）

25. 騰空飛彈（蒼龍升天）

26. 馬步砸拳（閻王頂手）

27. 進步連環掌（天王托塔）

28. 蹲步栽拳（金剛護門）

第四段

29. 砸拳低彈（白馬揚蹄）

30. 馬步砸拳（閻王頂手）

31. 弓步十字捶（力士開弓）

32. 跪步盤肘（臥牛頂角）

33. 馬步砸拳（閻王頂手）

34. 馬步推掌（推窗望月）

35. 馬步雙頂肘（猛虎蹲坡）

36. 纏腕衝拳（右）（金絲纏腕）

37. 纏腕衝拳（左）（金絲纏腕）

38. 轉身崩捶（金豹入洞）

39. 連打三掌（追風趕月）

40. 蹲步頂肘（懷抱嬰兒）

收 勢

第三節　八極拳套路動作說明

起 勢

　　練習者左右腳併步站立，雙手臂自然下垂於身體左右兩側，挺胸、收腹、立腰，頭頸向上豎領，目視前方。（圖3-1）

圖3-1

圖3-2

第 一 段

1. 併步雙按掌（猛虎回頭）

雙腳併步站立，左
右手臂屈肘上提至腰
間，上體稍右轉，隨之
雙掌由身體兩側直臂向
上托掌至頭上方，掌心
向上；隨之雙手臂由上
向下屈肘左右按掌於身
體兩側，掌心向下，同
時目視隨右掌，後向左甩頭轉視左方。（圖3-2至圖3-5）

圖3-3

圖3-4

圖3-5

【要點】左、右手臂配合協調一致，雙掌上舉緩慢，雙掌下按快速有力，挺胸、立腰、收腹，按掌、甩頭同動一致。

2. 馬步雙推掌（雙龍出洞）

右腳向右側開步，同時雙掌拍擊腹部，上體稍右轉，接著雙腿屈蹲成馬步，雙掌直肘向體前推擊，目視前方。（圖3-6、圖3-7）

【要點】沉身蹲步穩健，蹬地擰腰發力，力達雙掌，雙手臂與肩

圖3-6

圖 3-7

圖 3-8

同寬。

3. 蹲步閉襠（帶馬歸槽）

雙腳蹬地，身體直立，同時雙手臂直肘向身體兩側推擊，目視右掌方；接著左腳向右腳內側併步，雙腿屈膝下蹲成蹲步，左掌變拳直臂回掛於體前，右掌屈肘回護於左大臂內側，目轉視左方。（圖3-8、圖3-9）

【要點】推掌、掛拳身法起伏變化明顯，蹲步扣趾，抓地沉穩，右、左轉視靈變快速，兩眼有神。

圖 3-9

4. 獨立托掌（金雞獨立）

右腳直膝蹬地，身體上起，左腿屈膝上提成獨立步，身體稍向左轉，同時左拳變掌向外旋臂屈肘托起，掌心向上，右掌向體後橫掌下按，掌心向下，目視左掌方。（圖3–10）

【要點】起身獨立、快速，雙掌托、按配合一致，蹬地轉腰發力，力達雙掌。

5. 挑拳戳踢（武鐵碎石）

左腳向下震步，右掌變拳由後向前直臂挑拳，左掌屈肘回按於右小臂處，同時右腿直膝由後向前搓踢地面至體前，目視右拳方。（圖3–11）

【要點】震腳有力，挑拳、搓踢快速有力一致。

圖3–10　　　　　　　　圖3–11

6. 馬步頂肘（左）（烈馬衝槽）

右腳腳尖稍外展向下震腳，左腳向前闖步，身體向右轉成馬步，同時右拳後擺於體右側，左掌握拳屈肘向體左側頂擊，目視左肘方。（圖3-12、圖3-13）

【要點】震腳有力，闖步快猛，頂肘時用鼻擤氣，發「哼」聲，周身合一，打出整勁，力達肘尖。

圖3-12　　　　　　　　　　　　　圖3-13

7. 馬步頂肘（右）（烈馬衝槽）

雙腳蹬地，身體上起，左腳稍回收後再向下震腳，腳

尖外展，左臂向下截擋，接著右腳向前闖步轉身屈蹲成馬步，左拳後擺於體右側，右拳屈肘向體右側頂擊，目視右肘方。（圖3-14、圖3-15）

【要點】震腳有力，闖步快猛，左右頂肘變化快速，一氣呵成，力達肘尖。

圖3-14

背面

正面

圖3-15

8. 馬步摜打（霸王甩鞭）

雙腳蹬地，身體向右轉擰，右手臂屈肘豎肘向裡格擋，左腳向前上步蹬擰地面，蹲變成馬步，左手臂直肘向裡摜打，同時右臂屈肘抱拳於腰間，目視左拳方。（圖3-16、圖3-17）

【要點】移步碾地，快速有力，格肘、摜打快速一致，力達拳背。

圖3-16　　　　　　　　　　　　圖3-17

9. 馬步衝拳（仙人指路）

左腳尖向左轉擰，左拳變掌向外弧形纏腕，接著右腳向

正面　　　　　　　　背面

圖3-18

前上步蹬搓地面，雙腿屈蹲成馬步，左掌向體前拉按至腹部前，右拳直臂向身體右側衝出，目視右拳方。（圖3-18）

【要點】擰腳、纏腕協調一致，馬步、撐拳快猛有力，力達拳面。

10. 架肘擊襠（武松打虎）

右腳蹬地，回收於左腳內側，雙腳向下震腳，左臂屈肘上架於頭上方，右拳由右向左，至體前襠位旋臂下栽，同時用鼻擤氣發「哼」聲，身體向左轉擰，目視右斜前方。（圖3-19）

【要點】架栽拳合動一致，震腳擤氣合一，扣趾抓地，沉身穩固。

圖3-19

第 二 段

11. 架肘彈腿（黑狗鑽襠）

左腳向前上步，左右手臂不變，接著右腿屈膝向體前彈踢，高於腹部，腳尖繃展，目視腿方。（圖3-20、圖3-21）

【要點】上步快捷，彈腿疾速有力，大腿帶動小腿，彈射力達腳面。

圖3-20

087

圖3-21

12. 馬步砸拳（閻王點手）

　　右腿屈膝，回收於左腿膝窩處，同時左拳變掌，下護於右胸前，接著上體稍左轉，右腳向前踏腳震地，且右臂由內經上向下砸拳，拳背向下，肘關節微屈，左掌回護於體前不變，目視右拳方。（圖3–22、圖3–23）

　　【要點】砸拳與馬步同動一致，蹬地沉身，甩臂發力，力達拳背。

圖3–22

圖3–23

13. 弓步十字捶（力士開弓）

　　雙腳蹬地，身體稍向左轉，右臂屈肘向裡格肘，同時左掌變拳回收腰間，接著身體向右蹬擰成右弓步，左拳直臂向體側打出，右臂屈肘回拉於體右側，目視左拳方。（圖3-24、圖3-25）

　　【要點】格肘垂立小臂護面，左右十字拳協調一致，前後形成爭力，雙手臂高與肩平，雙腿與雙臂形成十字勁力。

圖3-24

圖3-25

14. 馬步雙撐掌（二郎擔山）

左腳蹬地，回點於右腳內側，稍右轉上體，同時雙拳變掌由下向上架於面前，接著左腳側跨步，身體右轉，雙腿屈膝蹲變成馬步，雙掌向上劃弧，隨之收於腰間後向兩側直臂推出，目視左掌方。（圖3-26、圖3-27）

【要點】雙掌上架、側推必須與雙腳步型配合一致，屈膝蹲步沉穩，雙掌同推快速有力，意達左右極遠。

圖3-27

圖3-26

15. 馬步推掌（推窗望月）

左掌向外纏腕抓拳，屈肘回抱於腰間，同時身體左轉，右腳側上步，雙腿屈膝變蹲馬步，右臂屈肘，由腰間向體右側直臂推出，目視右掌方。（圖3-28）

【要點】右腳上步變馬步時，左腳要向外擰轉，落步推掌相合一體，力達右掌。

圖3-28

16. 托塌連環掌（猿猴獻果）

　　右腳蹬地，回收於左腳處下震腳，上體右轉，左腳掌虛點地面，同時雙手成掌由下向上托擊至面前，接著左腳上步向體前震腳，雙掌由內向下翻掌，直臂下塌於腹前，目視雙掌。（圖3-29、圖3-30）

　　【要點】右腳回收震腳有力，左腳輕靈點地，雙掌上托、下塌連貫一致，不可脫節，雙手臂與肩同寬。蹬地沉臀抓趾，俯身直臂發力，力達雙掌。

圖3-29

圖3-30

17. 步雙推掌（推山入海）

右腳蹬地，向前上步成右弓步，身體稍前傾，同時雙掌直臂向體前推擊，目視雙掌方。（圖3–31）

【要點】以步催身，以身催手，力達雙掌，左右手臂與肩同寬。

圖3–31

第三段

18. 纏臂架打（大纏）（蛟龍翻浪）

雙腳蹬地，身體向左轉180°，左手臂直臂向上掄擺，右手隨之擺於體右側；接著身體繼續左轉，雙手臂依次立圓掄擺，左腳回收下震腳，右腿屈膝上提，腳尖離地，同時左臂上擺於頭上方，右手臂屈肘下砸於體前，然後右腳側移闖步，雙腿蹲變成馬步，右手臂直肘側推掌，左手臂屈肘上架於頭上方，目視右掌方。（圖3–32至圖3–34）

【要點】左右手臂擺纏以腰為軸，震腳砸肘相合一體，馬步架推掌力撐八方。

圖3–32

圖3–33

圖3-34

19. 馬步側頂肘（猛虎衝柙）

　　雙腳蹬地，身體上起稍左轉，右、左手臂以腰為軸，由下向上立掄擺纏，同時身體向右擰轉180°，右腳回收下震腳，左腿屈膝上提，腳尖離地，右手臂屈肘上架於頭上方，左手臂屈肘下砸於體前；接著左腳向體左側闖步，雙腿屈蹲成馬步，左手握拳屈肘向左側平頂，目視肘方。（圖3-35至圖3-37）

　　【要點】左右手臂擺纏以腰為軸，震腳砸肘相合一體，頂肘時擰氣發「哼」聲。

圖3-35

圖3–36　　　　　　　　　　　圖3–37

20. 纏臂架打（大纏）（蛟龍翻浪）

雙腳蹬地，身體稍右轉，左拳變掌，直臂由下向上掛擺，右掌隨之立圓擺動，身體向左轉180°，左手臂直臂向上掄擺，右手隨之擺於體右側；接著身體繼續左轉，雙手臂依次立圓掄擺，左腳回收下震腳，右腿屈膝上提，腳尖離地，同時左臂上擺於頭上方，右手臂屈肘下砸於體前，然後右腳側移闖步，雙腿蹲變成馬步，右手臂直肘側推掌，左手臂屈肘上架於頭上方，目視右掌方。（圖3–38至圖3–41）

【要點】雙手臂立圓擺纏連貫一體，震腳下砸，肘與馬步架推掌連貫緊密，力達肘尖與掌根。

圖 3-38

圖 3-39

圖 3-40

圖 3-41

21. 纏腕衝打（小纏）（白蛇吐信）

雙腳蹬地，身體稍右轉，右掌變拳，左掌抓握右拳腕，接著右腳後撤震腳，身體繼續右轉，左腳回收至右腳處，腳尖點地，雙手臂屈肘，右手腕纏繞回拉於體前右側；接著左腳向左側上弓步，雙拳與肩同寬向前打出，目視拳方。（圖3-42至圖3-44）

圖3-42

【要點】纏扣腕牢固，震腳有力，衝拳蹬地轉腰，送肩直肘發力，力達拳面。

圖3-43

圖3-44

22. 轉身掛塌（海底探寶）

雙腳蹬地，身體向右轉 180°，右
腳掌回點地面，同時雙拳變掌，右手
臂屈肘回抱於腰間，左掌平擺於體
前，掌心向上；接著右腳向右開步，
上體左轉變成左弓步，右掌由腰間向
體前下方推擊，左掌隨之擺於體後，
目視右掌方。（圖3-45、圖3-46）

【要點】轉身擺掌連貫、靈活，
弓步塌掌有力，擰腰俯身發力，力達
右掌根。

圖3-45

正面

側面

圖3-46

23. 連環撩托掌（仙人撩袍）

右腳蹬地，身體上起，左腳向前上步，腳掌虛點地面，同時左右掌由下向上撩托掌；接著左腳踏地，右腳向前上步，腳掌虛點地面，同時左右掌經右側由下向上撩托掌，目視前掌方。（圖3-47、圖3-48）

【要點】撩托掌與移步配合一致，連貫快速，前掌手臂自然伸展，掌心朝上，後掌屈肘向外旋腕，掌心向外，雙手臂應貼身而行。

圖3-47

圖3-48

24. 馬步抽擊（迎門送客）

右腳回收至襠下震腳，上體稍右轉，右掌向內旋腕變拳，左腳掌虛點地，左臂屈肘回抱於體前；接著左腳側上步，雙腿屈蹲成馬步，同時左掌變拳，由內向外抽擊，右拳變掌，上架於頭上方，目視左拳方。（圖3-49、圖3-50）

【要點】震腳突然、有力，馬步抽打快速，擰腰甩臂發力，力達拳背。

圖3-49

圖3-50

25. 騰空飛彈（蒼龍升天）

雙腳蹬碾地面，身體向右擰轉，左拳由上向下劈擊，右掌隨之向上托擊於左小臂處；接著雙腳蹬地，身體騰空快發左彈腿，同時右掌抓握左手腕，目視左腿方。（圖3-51至圖3-55）

【要點】擰腰轉身劈拳，力達拳輪，騰空輕靈，彈腿有力，力達左腳尖。

圖3-51

圖3-52

圖 3-53

圖 3-54

圖 3-55

26. 馬步砸拳（閻王頂手）

右腳落地，左腳側跨步，雙腿屈膝下蹲成馬步，左拳向左側擺臂下砸，右掌變拳回抱於腰間，目視左拳方。（圖3-56、圖3-57）

【要點】落步沉穩，反砸拳有力，力達拳背。落步砸拳時以鼻擤氣。

圖3-56

圖3-57

27. 進步連環掌（天王托塔）

右腳蹬地上步，身體左轉，右拳變掌向體前托掌，左掌回護於右小臂內側；接著右腳上步，左腳跟步，同時右掌向下翻腕塌掌，左手不變，目視右掌方。（圖3-58、圖3-59）

【要點】進步連貫，上托、下塌掌一氣呵成，緊密相連，力達右掌。

圖3-58

圖3-59

28. 蹲步栽拳（金剛護門）

雙腳蹬地，身體向左轉180°，同時左手臂上擺，右手臂下擺；接著左腳回收於右腳內側，兩腳同時震腳成蹲步，右掌變拳，由上向下栽打，左掌屈掌，回護於體前右側，目視前方。（圖3–60、圖3–61）

【要點】左右震腳相合一體，屈膝沉身，擰臂發力，力達右拳面，同時用鼻擤氣發「哼」聲。

圖3–60

圖3–61

第四段

29. 砸拳低彈（白馬揚蹄）

雙腳蹬地，身體稍上起右轉，左臂由前向後擺繞，隨之回抱於腰間，接著左腳蹬地，右腳向體前低位彈出，同時右臂以肘關節為軸向下翻砸拳，目視前方。（圖3-62至圖3-64）

【要點】左擺掌連貫柔緩，彈腿、翻砸拳脆爆有力，力達腳尖和拳面。

圖3-62

圖3-63

圖3-64

30. 馬步砸拳（閻王頂手）

右腿屈膝回收於左腿膝窩處，同時左拳變掌下護於右胸前，接著上體稍左轉，右腳向前踏腳震地，且右臂由內經上向下砸拳，拳背向下，肘關節微屈，左掌變拳回護體前側，目視右拳方。（圖3-65、圖3-66）

【要點】砸拳與馬步同動一致，蹬地沉身，甩臂發力，力達拳背。

圖3-65

圖3-66

31. 弓步十字捶（力士開弓）

雙腳蹬地，身體稍向左轉，右臂屈肘向裡格肘，同時左掌變拳回收腰間，接著身體向右蹬碾成右弓步，左拳直臂向體側打出，右臂屈肘回拉於體右側，目視左拳方。（圖3-67、圖3-68）

【要點】格肘垂立小臂護面，左右十字拳協調一致，前後形成爭力，雙手臂高與肩平，雙腿與雙臂形成十字勁力。

圖3-67

圖3-68

32.跪步盤肘（臥牛頂角）

右腳蹬地屈膝成跪
步，身體稍左轉，同時右
手臂屈肘橫擺，左拳變
掌，屈肘上架於頭上方，
目視肘方。（圖3-69）

【要點】架掌、擺肘
合動一體，蹬地撐腰發
力，力達右肘。

圖3-69

33.馬步砸拳（閻王頂手）

右腳蹬地，向體右後
方震腳，雙腿屈膝下蹲成
馬步，同時左掌下壓於右
胸前，右臂前展發砸拳，
肘關節微屈，目視右拳
方。（圖3-70）

【要點】震腳、砸拳
一致，左壓掌須經右肘尖
外側下壓，力達拳背。

圖3-70

34. 馬步推掌（推窗望月）

　　左腳蹬地，向前上步成馬步，身體向右擰轉，右臂屈肘抱拳於腰間，左掌向體左側推撐掌，接著左腳蹬地向後撤步，上體向左擰轉，左臂屈肘抱拳於腰間，右掌向體右側推撐掌，目視右掌方。（圖3-71、圖3-72）

　　【要點】上步和退步變換方向突然、快速，蹬地轉腰發力，力達左、右掌。

圖3-71

圖3-72

35. 馬步雙頂肘（猛虎蹲坡）

　　右腳蹬地，收於左腳內側成丁步，上體稍左轉，右掌變拳，由右向左直臂撩擊，同時左拳變掌拍擊右拳腕，接著身體右轉，右腳側跨震腳，雙臂屈肘，向左右兩側頂擊，雙手握拳，目視右肘方。（圖3-73、圖3-74）

　　【要點】右腳變步連貫，沉身發肘有力，力達左、右肘尖。

圖3-73

圖3-74

36. 纏腕衝拳（右）（金絲纏腕）

雙腳蹬碾地面，身體左轉，右手臂直肘橫摜，左拳變掌迎擊右腕處，接著右腳向左腳內側震腳，同時左腳掌點地，右手腕向外纏繞後回拉於體側；承上，左腳向前上步成左弓步，右拳直臂向體前衝打，左手抓握於右手腕處，目視前方。（圖3-75至圖3-77）

【要點】震腳、拉腕一致，上步、衝拳同動，力達拳面。

圖3-75

圖3-76　　　　　圖3-77

37. 纏腕衝拳（左）（金絲纏腕）

雙腳蹬地，身體向右轉擰180°，左腳跟拔離地面，同時雙手疊掌外擋，接著雙手由下分掌，隨之左掌變拳橫摜，右掌拍擊於左腕處；承上，左腳向右腳內側震腳，左手腕向外纏繞後回拉於體側，右腳掌點地，接著右腳向前上步成右弓步，左拳直臂血前沖打，右手抓握於左腕處，目視前方。（圖3-78至圖3-81）

【要點】震腳、拉腕一致，上步、衝拳同動，力達拳面。

圖3-78

圖3-79

圖3-80

圖3-81

38. 轉身崩捶（金豹入洞）

左腳蹬地上步，身體向右回轉，右手臂直肘下劈拳，左手臂屈肘回收於腰間，接著右腳回收向下震腳，左腿屈膝上提，腳尖離地，同時身體向右轉擰，左拳直臂下劈，右拳變掌回護於左大臂處；承上，左腳向前上步，右腳跟拔離地面，同時左拳直臂向體前崩擊，右掌不變，目視左拳方。（圖3-82至圖3-84）

【要點】轉身靈敏快速，右、左劈拳連貫，上步、崩捶協調一致，擰腰抖臂發力，力達拳背。

圖3-82

圖3-83

圖3-84

39. 連打三掌（追風趕月）

右腳跟蹬踏地面成左弓步，右、左、右掌連環向體前推擊，推掌時另一手臂屈肘回收於腰間，目視推掌方。（圖3–85至圖3–87）

【要點】三掌連貫緊密，蹬地轉腰，直肘送肩發力，力達左、右掌根。

圖3–85

圖3–86

圖3–87

117

40. 蹲步頂肘（懷抱嬰兒）

右掌向上挑擺握拳至體後，同時左腳向右內側回收下震腳成蹲步，左掌變拳屈肘上頂，目視左方。（圖3-88、圖3-89）

【要點】左、右手臂配合協調，沉身蹲步頂肘一氣呵成，體現出八極的沉墜勁。震腳時以鼻擤氣發「哼」聲。

圖3-88

圖3-89

收 勢

左腳向左側開步成開立步，雙拳變掌，由外向內平砍掌至體前，隨之向下翻掌，由身體左右兩側下擺，至頭上下按於身體左右兩側，同時右腳向左腳內側上步成併步站立，目轉視左方；接著雙手自然下垂，目視前方。（圖3-90至圖3-93）

【要點】左右手臂同動一致，向下按掌與轉頭快速、協調一致。

圖3-90

圖3-91

圖3-92

圖3-93

第四章
八極拳技擊解招

第一節 實戰人體要害談

實戰時，要特別注意保護自身的要害部位，同時還要擊打對手的要害處。故善對搏者，需明知人體的要害所在，這樣才能做到有的放矢，在對搏中收到事半功倍的實戰效果。以下將以從頭到腳的順序列出人體的要害部位，以明示擅武實戰者。

1. 兩眼

眼是人體最重要的感覺器官之一，也是最能讓人感受到其不適或病變的感覺器官。眼睛受擊後，輕則會導致視力模糊，影響辨別能力；重則導致眼睛受損。

如果雙眼在對搏中受到對手食指和中指的刺傷，可造成雙目失明，失去戰鬥力。此手法在中國傳統武術中被稱為「雙龍取珠」。

2. 鼻梁

鼻是人體的呼吸器官，而鼻梁是鼻子的重要組成部分，神經、血管分佈相當豐富，痛覺極敏感。被擊後易骨

折或錯位，表現為疼痛難忍，並因此喪失戰鬥力。

3. 上 唇

上唇是鼻軟骨與硬骨的連接處，神經接近皮層。受擊打後，輕則劇痛，重則能使人昏迷。

4. 下 巴

下巴受擊打後表現為劇痛，易骨折或造成下頜關節脫臼。

5. 太陽穴

太陽穴神經密佈，骨質脆弱，位置在眼角後約5公分，向上約2.5公分處，是最易受意外襲擊的要害部位。太陽穴內有一根顳葉神經，向內朝顱骨方向擊打，極容易被制服。

被擊中後，腦髓會有劇烈反應，輕則會導致腦震盪，表現為頭暈目眩，影響反應能力；重則諸神經會錯亂而致人昏迷倒地，甚至死亡。

6. 耳

耳郭神經離大腦較近，耳根部深層亦有許多血管和神經通過，受擊打後，輕則會擊穿耳膜或耳內出血，表現為頭暈眼花，影響辨別能力；重則能致聾，或致腦震盪。

若被擊中面部神經主枝至耳頂端上部，可損傷腦膜中的動脈，導致死亡。

7. 咽 喉

喉部位於頸的正中，喉結處有氣管，頸動脈還有迷走神經，是人體的要害部位。受擊後，輕則疼痛難忍，導致動作無力；重則昏迷或死亡。

如果受到卡掐後，可導致呼吸困難，甚至窒息而死。

8. 頸外側

頸外側有頸動脈和迷神經。受到重擊後可使人昏厥。如果兩側頸動脈及其分支被壓迫時，則會使頸動脈竇由減壓反射而使人猝死。

9. 頸後部

頸部的神經豐富，主要的神經有脊神經、腦神經及交感神經。受擊後可致人死亡。

10. 後 腦

後腦有顱腔，其內有腦，腦是中樞神經的高級部位，其組織非常脆弱，經受不起打擊和震動。

受打擊後易引起顱底骨折，顱內出血等，表現為心跳減慢、血管舒張、血壓降低，導致頭暈無力，動作、呼吸失調；受重擊時可導致人昏迷、休克或死亡。

11. 鎖 骨

鎖骨為頸與胸兩部的分界，是上肢與軀幹間唯一的骨

性聯繫。分佈至上肢的大血管和神經均於鎖骨中段後方通過，下處為神經密佈的肩井穴。

如被擊打，可導致鎖骨輕易斷折。如被戳擒，則全身似觸電而軟綿無力，使人癱倒。

12.肩關節

肩關節由肩胛骨、肱骨和鎖骨連接而成，肩胛骨的周圍有肩胛動脈，受擊打後表現為肩關節脫臼、韌帶和肌肉撕裂。

13. 腋 窩

腋窩分佈有支配上肢的神經和血管，窩內還有淋巴結群，彙集了上肢胸壁和背部淺層的淋巴，受擊打後表現為劇痛或短暫的局部癱瘓。

14. 心 窩

心窩所在的位置，即心口部，也就是胸骨（護心骨）下正中凹陷處，這是一個部位而不是指某一點，在巨闕穴位附近。受擊後劇痛難忍，會導致血液循環受到影響，甚至可造成休克。若吸氣時受到擊打，易堵截呼吸，甚至導致昏迷。

15. 腹 部

腹部包括腹腔劍突以下肚臍以上的部位，肝、脾、腎、胃等重要器官密佈其中。上胸部的肋軟骨左邊有脾，

右邊有肝，都含有豐富的血竇，受到擊打後，不僅肋骨易骨折，而且肝、脾包膜也易破裂，引起內臟出血。

其中，太陽神經叢居於胃後面，受擊打後易引起噁心、嘔吐、兩眼昏花，甚至導致昏厥或死亡。

16. 肋 部

肋部最怕擊打的是右肋部，因肝臟位於右肋下部，此處骨頭也最細脆，容易折斷。

受擊易造成肋骨骨折，折斷的肋骨很容易刺破肝臟，輕則導致肝臟損傷，重則會導致死亡。

17. 襠 部

襠部的人體末梢神經最豐富，也是最敏感的地方。如被頂、撞、踢，可致疼痛難忍，血壓下降，全身乏力，甚至休克、死亡。所以，襠部是人體最不能忍受任何擊打的要害部位。

18. 後 腰

人體的兩枚腎臟就位於腰部兩側後方。受擊打後，輕則酸痛，重則能致內出血，甚至致傷腎部。

19. 脊 椎

脊椎是人體的支柱，受到擊打極易脫位，受重擊後會導致癱瘓甚至死亡。

20. 尾 骨

尾骨受輕擊則疼痛難忍；受重擊能傷及中樞神經，導致癱瘓。

21. 髖 骨

髖骨受重擊能使下肢運動受阻。

22. 膝關節

膝關節由兩個關節複合而成，有臏骨、腓骨、脛骨、半月板和股骨。受輕擊會導致脫臼，受重擊後會導致骨折或半月板破裂。

23. 膝 側

膝側受擊能使內側副韌帶（由外向內擊）或者外側副韌帶（由內向外擊）受創，使下肢運動受阻。

24. 脛 骨

脛骨受輕擊會劇痛；受重擊能致骨折。

25. 腳 背

腳背神經密佈，肌肉較少，最怕用腳踩踩。如果腳背被腳後跟踩踏，或腳尖戳踩，會劇痛難忍，甚至造成骨頭斷裂。

26. 指關節

指關節都是單軸關節，活動範圍較小，只能伸屈，伸直時，往後或往兩側掰折會造成脫臼或骨折。

27. 腕關節

腕關節有8塊腕骨，骨小易碎。受到重擊時會脫臼、骨折、劇痛難熬。

28. 肘關節

肘關節由橈骨、尺骨和肱骨連接而成，完全伸直後，最怕從後面施加壓力或擊打。受重擊後會造成脫臼或韌帶撕裂。

第二節　八極拳實戰技法解析

解析1

雙方對戰，對手突然上步用雙推掌搶攻我胸部，我雙手臂屈肘，由下向上至外分化對手的進攻；接著沉身變蹲馬步，雙掌內旋猛推對手的心窩要害，將其打倒在地，目視掌方。（圖2–1至圖2–3）

圖2–1

圖2-2　　　　　　　　　　圖2-3

【要點】防守及時準確，反擊雙推掌快猛有力。身法上下變化明顯，沉臀扣趾，探臂發力。

解析2

雙方對戰，對手搶步進身，欲用扣腿摔技進攻我時，我疾用左手上挑翻腕抓控破化其右手，同時蹬地左轉身連發右掌推鎖其咽喉，造成重創，目視對手。（圖2-4、圖2-5）

圖2-4

【要點】此招突出

圖2-5

圖2-6

攻守一體的妙意，左手挑抓與右手推撐形成前後爭力，右手進攻時可推可鎖，變化豐富。

解析3

雙方對戰，對手突然用右蹬腿踢擊我襠腹部，我快速後撤左腳，身體左轉蹲變成馬步，同時用右手臂掛拳，由外向內破化對手來腿，左手臂屈肘回護於體前，防止對手拳法反擊我頭部，目視對手。（圖2-6）

【要點】移腳蹲步快速，掛拳準確，身法躲閃與手臂回掛形成雙重防守，使對手的腿攻無法奏效。此招我亦可變招反擊對手，即側進步用肩部猛撞對手，將其撞倒在地。

解析 4

雙方對戰，對手突然用左直拳搶打我面部，我疾速屈膝上提左腿，身體上領，用左手由下向上托掌破化其進攻，右手側擺於體後，保持身體平衡，目視對手。（圖2-7）

圖2-7

【要點】獨立托掌快速、穩健，此招亦可變化為左腿反踢其襠腹，重創對手。

解析 5

雙方對戰，對手突然上步用左直拳搶打我頭部，我向右擰身，左臂由下向上挑拳破化其拳攻，同時左腿戳踢對手前

圖2-8

支撐腿的脛骨處，且右手臂下按回護於體前，以防對手偷襲，目視對手。（圖2-8）

【要點】拳防腿踢，協調一致，準確有力。此招運用時，要用後位的左腿、左拳迎敵而上。

解析6

雙方對戰，對手進身用右擺拳摜打我頭部，我用左手臂外擋防化，隨即左手翻腕抓拉來拳，右腳側跨半步下震腳，身體屈蹲成馬步，連發右頂肘狠擊對手的心窩要害，重創對手。（圖2-9、圖2-10）

圖2-9

【要點】沉身穩固，發力兇猛，力達肘尖。

圖2-10

解析7

雙方對戰，對手快踢左邊腿，攻踢我上體時，我回撤右腳，同時用右拳向下截劈來腿，隨之震腳闖步，上體右轉蹲變成馬步，用左頂肘反擊對手的胸部，將其打倒在地，目視對手。（圖2-11、圖2-12）

圖2-11

【要點】闖步追跟，撞肘擊胸，發力合整，力達肘尖。

圖2-12

解析8

雙方對戰，對手進身用右直拳打我面部，我隨之用左手臂屈肘向裡截，破化來拳，接著右腳向前跨半步，兩腿屈蹲成高位馬步，左拳變掌下按對手右拳腕，右拳橫力摜打對手頭部，重創對手，目視右手。（圖2-13、圖2-14）

圖2-13

【要點】防守及時，反擊快猛，手、眼、身、法、步融合一體，蹬地轉腰，擺臂發力，力達右拳背。

圖2-14

解析9

雙方對戰，對手快發右彈腿踢擊我襠部，我右腿回撤，腳掌點地，收腹含胸，左手臂向下拍擊破化來腿，接著右腳側跨震腳，身體蹲變成馬步，快發右拳猛力

圖2-15

衝打對手的腹部要害，將其打倒在地，且左掌下按平衡身體，目視對手。（圖2-15、圖2-16）

圖2-16

【要點】此招是八極拳中的核心動作——撐捶，必須手到、步到、勁到，同時伴口發「哈」聲，以助拳力，以壯拳威。

解析10

雙方對戰，對手進身用左劈拳、右彈腿上下夾攻我，我回撤左腳成蹲步，左手臂屈肘上架來拳，同時發右栽拳向下阻擊來腿，破化其進攻，目視對手。（圖2-17）

【要點】蹲身沉穩，防打一體，力達左臂、右拳。

圖2-17

解析11

雙方對戰，我突然發右低位彈腿踢擊對手前腿頸骨，對手順勢回抽腿閃化，接著我側落步震腳，雙腿屈蹲成馬

步，連發右砸拳狠擊對手的頭、頸處，造成重創，目視右拳方。（圖2-18、圖2-19）

【要點】此招是上下結合的招數，體現出八極拳硬開猛打的風格特點，落步沉身，揮臂發力，力達拳背。

圖2-18

圖2-19

解析 12

雙方對戰，對手搶步進身發右劈拳砸擊我頭部，我隨用右手臂挑掛翻腕回抓其手腕，破化對手進攻，接著我身體向右轉擰，雙腿蹲變成右弓步，同時右拳下拉，左拳直臂向前衝打對手的脖頸要害，

圖2-20

重創對手，目視左拳方。（圖2-20、圖2-21）

【要點】抓腕、衝拳連動一致，左右手要形成前後爭力，蹬地擰腰發力，力達拳面。

圖2-21

解析13

雙方對戰，對手轉身用右劈拳打擊我，我隨用雙手臂由下至上架擋，破化其進攻，接著快上左腳，雙腿屈膝下蹲成馬步，用左掌猛烈推擊對手的後背，同時右手臂向右側推掌，目視掌方。（圖2-22、圖2-23）

圖2-22

【要點】防守有力、準確，上步雙推掌齊動一致。此招要有力達八方極遠的意、氣、勁。

圖2-23

解析14

　　雙方對戰，對手
進身用雙手鎖控我右
手臂時，我隨之身體
向右轉擰，沉肩墜肘
內旋腕，同時左腳側
上步，上體向右轉
180°，連發左推掌猛
擊對手心窩要害，重
創對手，目視掌方。
（圖2-24、圖2-25）

圖2-24

　　【要點】此招運用的時機最為關鍵，對手鎖控我手臂
的瞬間即要變勁使招，擰腰、轉身、推掌一氣呵成，起到
一招兩效的作用，變被動為主動。

圖2-25

解析15

雙方對戰，對手進身用左右手抓拉我左右肩膀，我隨之左腳後撤震腳，右腳掌點地，同時雙手由下向上猛托對手的左右肘關節，接著快進右步，雙手向下翻腕，雙掌猛力塌擊對手的胸部，將其打翻在地，目視雙掌方。（圖2-26至圖2-28）

【要點】下震腳與上托掌配合一致，進步沉身旋臂發力，力達雙掌。此招之妙，在於借對手後撤之勁發招，產生出滿意的打擊效果。

圖2-26

圖2-27

圖2-28

圖2-29

解析16

雙方對戰，對手快發右側踹腿踢擊我頭部，我借勢側倒上體躲閃對手來腿進攻，隨之借對手下落右腿之時，左腳向前上步，雙手臂直肘發雙推掌猛擊對手上體，將其推倒，目視雙掌方。（圖2-29、圖2-30）

【要點】閃頭及時，上步推掌連貫、一致、有力，蹬地俯身發力，力達雙掌。

解析17

雙方對戰，對手轉身用右掃拳狠打我頭部，我用右臂向上挑擋，隨之身體右轉，右腳震腳，左腳掌點地，右手翻腕下拉對手右手腕，左肘下砸其肘關節；接著左腳側開

圖2-30

步，連用左平頂肘
狠擊對手胸部，將
其打倒，目視肘
方。（圖2-31至圖
2-33）

　【要點】震腳
下砸與肘相合一
致，上步平頂肘連
貫快速。左腳上步
要暗含鎖別對手右
支撐腿之意，手腳

圖2-31

「雙鎖」對手，使對手無法逃脫，應招倒地。

圖2-32

圖2-33

解析18

雙方對戰，對手突起右邊腿狠踢我腹部，我疾向左閃身，用右手臂向外掛磕來腿，對手隨落腳連發左貫拳撾打我頭部，我隨之右轉身用右手臂向外擋攔來拳；接著我右手翻腕抓拉其手腕，身體右轉快上左步，用左掌猛推對手下頜，重創對手，目視掌方。（圖2-34至圖2-36）

【要點】防腿、防拳連貫準確，抓腕、上步、推掌相合一致，蹬地擰腰發力，力達左掌。

圖2-34

圖2-35

圖2-36

解析19

雙方對戰，對手進身用右頂肘攻擊我心窩，我右腳回撤下震腳，身體右轉，同時右掌推阻來肘；接著左腳側上步成馬步，用左肘由上向下砸擊對手胸部，將其擊倒在地，且我右掌上擺於頭上方，保持身體平衡，目視對手。（圖2-37至圖2-39）

【要點】轉身、震腳、防肘靈敏，左腳上步要鎖頂對手的右支撐腿後側，與右下砸肘形成剪刀之力。發肘時要以鼻擤氣，發「哼」聲。

圖2-37

圖2-38

圖2-39

圖2-40

解析20

雙方對戰，對手突
然用右手抓拉制控我右
手腕，我右腳向下震
腳，身體右轉，左腳掌
點地，同時左手扣搭於
右手腕處，右掌向外纏
切對手手腕；接著左腳
上步成左弓步，雙掌變
拳猛打對手側肋要害，
重創對手，目視拳方。（圖2-40至圖2-42）

圖2-41

【要點】扣手有力，纏腕快速，上步衝拳要借對手脫
手之際發招，力達雙拳面。

圖2-42

解析21

雙方對戰，對手
突然從背後襲擊我，
我疾用右手扣抓其右
手，同時左腳向後插
步，左手從其腋下穿
插至其後背，隨之左
腳側開步別鎖其右支
撐腿，左手於其後背
猛力向下塌掌，將其
摔倒在地，目視對
手。（圖2-43至圖2-45）

圖2-43

【要點】移步、扣手、塌掌相連緊密，左掌下塌與左

圖2-44　　　　　　　　圖2-45

腿後撤形成前後錯力。運用此摔法時必須身體緊貼對手，才能見奇效。

解析22

雙方對戰，對手用左直拳打我頭部，我隨之重心後移，左腳掌點地，同時雙手由下向上托撩對手來拳，接著對手連發右直拳補打我頭部，我順勢左腳後撤，右腳掌點地，身體向左轉，雙手由下向上托撩對手來拳，破化其進攻，目視對手。（圖2-46、圖2-47）

【要點】左右手托撩隨轉腰而動，接位準確，力達雙掌。

151

圖2-46

圖2-47

解析 23

雙方對戰，對手轉身用鞭拳攻擊我頭部，我隨之用左手抓握來拳手腕，右手上托其肘部，同時右腳掌點地，上體稍左轉，接著右腳側跨成高位馬步，左手向下擰拉對手左臂，右掌變拳橫擊對手的胸肋，造成重創，目視對手。（圖2-48、圖2-49）

【要點】抓腕準確有力，移步發拳配合協調，擰腰甩臂發力，力達臂背及小臂處。

圖2-48

圖2-49

解析24

雙方對戰，對手上步用雙手抱腿摔我，我疾轉腰沉身猛發左劈拳向下砸擊其頭部，破化其進攻，重創對手，目視拳方。（圖2-50、圖2-51）

【要點】沉身擰腰發力，力達左拳輪及小臂處。左腿跟蹬離地面，以便腿力、腰力、臂力三力摜達一處，增加拳打的威力。

圖2-50

圖2-51

解析 25

圖 2-52

　　雙方對戰，我突然雙腳蹬地，身體右轉，用凌空左彈腿飛踢對手的心窩，同時雙手環抱於胸前，接著身體下落成馬步，用左砸拳連打對手的面部，造成重創，且我右手臂屈肘回護於體前，目視拳方。（圖 2-52、圖 2-53）

　　【要點】此招是搶攻技法，發招時一定要具有突然性和連續性，才能收到良好的技擊效果，力達觸點。

155

圖 2-53

圖2-54

解析26

雙方對戰，對手突然用右直拳攻打我面部，我隨之沉身，用右掌上托對手肘部，接著右腳進步、左腳跟步，同時右手翻腕下塌掌攻擊對手的面門，且左掌回護

圖2-55

於臉前，目視右掌方。（圖2-54、圖2-55）

【要點】托掌準確，塌掌有力連貫，力由步生，轉腰抖臂，力達右掌，一掌二用，緊密相連。

解析27

雙方對戰，對手進身用右膝撞擊我心腹，我右腳後撤於左腳內成蹲步震腳，同時發右下栽拳阻打對手的膝面，破化其膝攻；左手臂屈肘回護於體前方，目視右拳方。（圖2-56）

圖2-56

【要點】移腳蹲步快穩，右拳下栽準確、有力，力達拳面。

解析28

雙方對戰，對手上步用右手抓控我右手腕時，我隨

圖2-57

之屈肘回拉右臂，同時右腿發後位搓踢對手前腿脛骨，且我左手臂擺至體側，目視對手。（圖2-57）

【要點】此招借對手抓控我手腕時雙方形合一體，我出腿快踢對手，使對手無法逃脫，屬借招打招的妙法。

157

解析29

雙方對戰，對手上步用左直拳打我面部，我疾用左手臂上挑翻腕刁抓來拳手腕，破化其進攻，同時身體向左轉，右拳直臂打擊其臉部；接著我雙腳蹬碾成跪步，猛發左擺肘補擊對手心窩，重創對手，目視肘方。（圖2-58至圖2-60）

圖2-58

【要點】此招之精華在於左轉身拳打和右轉身肘擊，

圖2-59

圖 2-60

連招猛打形成往
返的勁力線路，
使對手處於被動
挨打的局面。

解析 30

　　雙方對戰，
對手突然上步用
右勾拳打我心
窩，我疾撤左

圖 2-61

腳，用左掌下按來拳，同時用右拳反砸對手頭面，目視右
拳方。（圖 2-61）

　　【要點】移步、防守連動一致，擰腰旋臂砸拳，力達
拳背。

圖2-62

解析31

雙方對戰，對手轉身用左鞭拳抽擊我頭部，我突然屈膝下蹲成馬步閃躲來拳，同時身體向右轉，連發左推掌狠擊對手的側肋，右手臂屈肘回護於體前，重創對手，目視左掌方。（圖2-62）

【要點】運用此招須眼明手快，蹲閃及時，發掌有力，蹬地擰腰抻肘，力達左掌。

解析32

雙方對戰，對手突然起右邊腿踢擊我側肋，我隨之左轉身，右拳上挑、左掌下拍鎖抱來腿，接著我右腳側跨震步，發右頂肘狠擊對手上體，目視對手。（圖2-63、圖2-64）

圖2-63

圖2-64

【要點】鎖腿順勢而為，移步蹲身發肘快、狠，力達右肘尖。

圖2-65

解析33

雙方對戰，我用右
直拳沖打對手面部，對
手側閃身用右手抓握我
手腕，我隨勢用左手扣
握對手右手背，身體左
轉，左腳微向左前方移
半步，同時兩手合擰對

圖2-66

手左手臂，將其摔倒在
地，目視對手。（圖2-65、圖2-66）

【要點】雙手扣腕牢固有力，蹬地俯身，擰臂發力，
力達雙手。

解析34

雙方對戰，對手上步用右直拳打我胸部，我用左掌下拍來拳，接著右腳稍向前移，右拳橫摜打擊對手頭部左側，同時左掌拍擊其頭部右側，造成重創，目視對手。（圖2-67、圖2-68）

圖2-67

【要點】防守及時準確，移步、摜打、拍掌三動合一，雙手臂向內要有合整勁，力達右拳背及左掌心。

圖2-68

圖2-69

解析35

雙方對戰，對
手快發左彈腿踢擊
我襠腹，我快收左
腿於右腳內側，同
時上體稍前傾，雙
手臂屈肘，用雙掌
向下拍擊破化來
腿，接著左腳向前
上步成左弓步，雙

圖2-70

掌變拳同時擊打對手胸部，造成重創，目視拳方。（圖
2-69、圖2-70）

【要點】防守及時準確，反擊勇猛有力，力達雙拳面。

解析36

雙方對戰，對手突然起右高邊腿攻踢我面部，我屈膝沉身前頂，雙手臂屈肘十字疊掌擋阻對手腿攻，目視對手。（圖2-71）

圖2-71

【要點】屈肘前擋來腿時雙手臂肌肉收緊，用力抗頂。此招是以硬碰硬的招法，要迎著對手出招，給對手以極大的心理挫敗感，但功力不強者勿用此招。

解析37

雙方對戰，對手上步用右直拳打我面部，我左腳側上步，上體下潛，閃化對手的進攻，同時右臂由下向上撩崩對手襠部要害，且我左手臂屈肘橫擺於右臉側，目轉視對手。（圖2-72）

圖2-72

【要點】移步、閃身及時準確，右拳撩崩突然有力，力達拳背。

165

解析38

隻方對戲，我上步用右掌撩彈對手心窩，對手右手下抓我右手腕，接著我回抽右手臂，右腳向前跨半步，同時左掌猛力推擊對手下頜處，目視左掌方。（圖2-73、圖2-74）。

圖2-73

【要點】上步、推掌協調一致，蹬地擰腰，抻肩發力，力達左掌。

圖2-74

解析 39

雙方對戰，對手
上步用抱腰摔進攻
我，我右腳回撤於左
腳內側，向下震腳，
雙腳屈膝成蹲步，同
時右手臂屈肘發頂肘
猛擊對手下頜，且我
左手回抱對手右手
臂，目視對手。（圖
2–75、圖2–76）

圖2–75

【要點】側身蹲步合整，頂肘有力，力達肘尖，用鼻
擤氣發「哼」聲。

圖2–76

圖2-77

解析40

雙方對戰，我突然快上左步，雙手臂向外翻擰，用左右掌向內平砍對手的脖頸，重創對手，目視掌方。（圖2-77、圖2-78）

【要點】上步快疾，雙臂砍掌要有合勁，力達左右掌外沿。

圖2-78

第五章

八極拳學練指點

第一節　八極拳學練湏知

一、八極拳力源闡釋

在八極拳的練習過程中，身體四肢所發出的力量全部來自於地面，地面是支撐人體運動的基礎，同時也給人體一個反作用力，人體依靠地面對人體的反作用力運用於四肢，以攻擊對手。

人體分為三大部分，即上肢、軀幹和下肢，從這三大部分肌肉的力量大小比較可知，下肢肌肉力量最大，其次是軀幹，再次是上肢。所以，人體的運動基本上都是下肢肌肉首先用力，破壞身體的平衡，使身體由靜態變為動態。在下肢用力的基礎上緊接著軀幹部位的肌肉積極參加工作，加快身體的運動速度，然後在上肢肌肉的配合下完成整個動作。

腰部是人體上下肢連接的樞紐，也是力量傳達的必經之路。此外，腰部還是人體運動的發動機，在人體發力的過程中起著決定性的作用。下肢肌肉作用力由下向上傳遞，到達軀幹的腰部時，腰部利用腳下發出的力，向上經

169

過軀幹、肩、肘，節節貫穿，最終到達手部。

腰部發力過程中，必須保持「鬆沉」，這樣可以儘量減少肌力的損耗。如果腰部肌肉在發力前保持緊張狀態，一方面，肌肉長時間的收縮會造成鬆弛，另一方面減少了肌肉運動的幅度，此外，還增加了對抗肌的肌力，增大了組織黏滯張力，不利於腰部力量的發出，最終導致腰部發力不充分。

當力量在人體內傳遞的過程中，全身骨節鬆開，肌肉鬆弛，這樣可以最大限度地減少對抗肌的用力，力不至於在中途被對抗肌的緊張用力而消耗減弱，使周身之力能夠在一瞬間達於著力點，也就是集全身之力於一個力點上，以達到最好的擊打效果。

拳語講「低頭貓腰，傳藝不高；拔根斜身，技法難精」，低頭歪腦、左晃右擺都會使身體不平衡或精神不集中，影響人體動作的協調和勁力的發放。

一個進攻動作如僅靠局部力量是有限的，必須全身協調一致。同時在發力的一剎那，配合呼吸、擤氣、以氣催力，達到意、氣、力三者合一，最終達到增大打擊力的目的。

二、八極拳的兩個要求和兩個法則

1. 兩個要求

一是對身體形態的要求：在練習八極拳時，要做到「領頭正體」「沉肩墜肘」「含胸拔背」「空胸實腹」

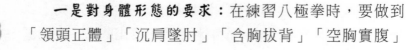

「立腰斂臀」「鬆胯圓襠」「扣膝固足」等，是為氣血運行順暢，穩固下盤，發力通透。

二是對呼吸的要求：在八極拳練習過程中要「吐氣發力」「聲助拳勢」，即「震腳」發「哼」「哈」聲時要主動呼吸，相互結合。「吐氣發力」時，胸部、腹部肌肉收縮，其他部分肌肉協同，將體內氣體一瞬間吐出體外，使人體產生巨大的力量。同時胸腹部肌肉的緊張，能起到抵抗外力擊打、保護內臟的良好作用。

八極拳講究的「慢拉架子快打拳」也與呼吸有關。所謂「慢拉架子」，是指身體動作姿勢要「蓄勢」，做到「內氣鼓蕩」，吸氣飽滿，蓄力待發；所謂「快打拳」，是指在攻擊發力時要將氣體快速吐出。

2.兩個法則

一要沉靜。沉則氣不浮，靜則心不躁，寧心靜氣，聚精斂神，外欲不擾。氣息浮躁易於手忙腳亂，喪失法度，雖平日功深，空有外形之勁力，終無神化之技藝。

二要自然。無力嘔力，不速求速。無力嘔力則傷血，不速求速則傷氣，氣血俱傷，何談功成，故習拳中要實中求進，穩中求快。

三、八極拳練功八要和八忌

1.八 要

一要：內外一致，上下相隨，完整一氣。

二要：身軀中正，下盤穩固，勁發八面。

三要：提頂圓襠，含胸拔背，沉肩墜肘。

四要：呼吸自然，氣貫丹田，意靜神恬。

五要：以意行氣，以氣促力，力出自然。

六要：碾步合膝，腳趾抓地，進退自如。

七要：以腰為主，貫動四肢，不僵不滯。

八要：吞吐蓄發，剛柔相濟，節奏分明。

2. 八 忌

一忌：內外不合。

二忌：勁力不達。

三忌：身型不準。

四忌：神意不存。

五忌：眼神不正。

六忌：周身不穩。

七忌：虛實不分。

八忌：呼吸不暢。

四、八極拳應敵十要

1. 應敵十要

一要有信心。

二要招數熟。

三要膽力壯。

四要敢用招。

五要靜守神。

六要意識清。

七要氣力注。

八要順勢變。

九要快如電。

十要連招用。

五、練習八極拳的注意事項

1. 八極拳訓練須循序漸進，按部就班，不可急於求成。要持之以恆，日復一日、年復一年的練習，不可「三天打魚，兩天曬網」。

2. 要符合八極拳的拳理，並保持八極拳本真的東西，如「立身中正」「含胸頂項」「立腰裹襠」「鬆肩抖胯」「三尖齊進」等，絕不能按長拳的方法去練八極拳。

3. 要勁整力合，雙手相合，對掙發力；手腳相合，手腳同達。如果手腳不同步，不要刻意跺腳。要氣力相合，發力時伴以擤氣，氣力同步。

4. 要八方極遠發力，即要發整透勁，而且是八方發力，這才是八極拳的獨特勁力。但不能蠻練，要把勁力放出去，不能把勁憋在自己的身上。

5. 由於八極拳動作剛猛，發力暴烈突然，所以做好練功前的準備活動非常重要。這樣不僅能集中注意力，身體協調一致發揮出最大的能量，還能避免受傷。

6. 練八極拳不能像做操一樣，要有拳術的攻防意境，否則武術反成「舞術」。

2048

7. 練習傳統八極拳時不要在硬地上練習。因為八極拳震腳發力動作很多，長期在硬地上練習會對大腦、耳鼓、神經、骨骼等造成損傷。

8. 少年兒童不宜學練傳統八極拳的練功方法。因為長期練習會對少年兒童的身體發育有損害，但是可以進行八極拳的各種套路和基本功練習，從而增強體質。

9. 練習傳統八極拳的二人接力靠打、八極拳對接和二人功力拆解時，一定要在老師的指導下進行練習，並且兩人配合要默契；另外，應注意安全，必要時可穿上護具，以防受傷。

第二節　習武先學武術禮儀

武術禮儀是武術人共同遵守的最基本的道德行為規範，也是武術人文明禮貌的一種體現。

一、武術競技禮儀

1. 抱拳禮

（1）**行禮的方法：**併步站立，右手成拳，左手四指併攏伸直成掌，拇指屈攏，左掌心掩貼於右拳面處（左指根線與右拳棱相齊），左指尖與下頜平齊，右掌眼斜對胸窩，置於胸前，屈臂成圓，肘尖略下垂，拳掌與胸相距20～30公分，兩手環抱同時向外前推。頭正、身直、目視受禮者；神態自然端莊，舉止大方。

（2）**抱拳禮的涵義：**左掌表示德、智、體、美、勞「五育」齊備，屈拇指表示不自大；右掌表示勇武頑強，左掌掩右拳表示「勇不滋事」「武不犯禁」；左掌、右拳攏屈，兩臂環抱成圓，表示以武會友，五洲四海，天下武術是一家；左掌為文，右拳為武，表示文武兼備。

（3）**抱拳禮應用：**抱拳禮是武術界獨有的禮節，在武術競賽、表演、訓練中應用。

2. 鞠躬禮

（1）**行禮的方法：**併步站立，兩手下垂置於體側，手心向內貼於大腿的外側，上體向前傾斜15°。

（2）**鞠躬禮應用：**在表演、比賽演練結束時應用。

3. 運動員禮儀

套路運動員聽到上場比賽的點名時，應向裁判長行抱拳禮。比賽後聽到宣佈最後得分時，也應向裁判長行抱拳禮，以示答謝。

散打運動員上場後被介紹時，先面向裁判長原地行鞠躬禮，再轉向觀眾行鞠躬禮。場上裁判員檢查護具完畢，雙方運動員面對面互行鞠躬禮。比賽結束，雙方運動員上場。當聽到宣佈最後勝負時，應先向裁判長行鞠躬禮，然後轉向觀眾行鞠躬禮，再面向對手行鞠躬禮。

4. 裁判員禮儀

裁判員穿著統一的服裝，佩帶統一的裁判標誌。比賽

開始，廣播員介紹技術監督委員會成員時，成員起立行抱拳禮；介紹仲裁委員會時，被介紹者原地行抱拳禮；當介紹總裁判長、裁判員時，被介紹者左腳向前一步，右腳跟上併步站立，行抱拳禮。禮畢，右腳後退一步，左腳向後與右腳併步站立。

在比賽開始或結束時，當運動員向裁判長行抱拳禮或鞠躬禮時，裁判長應點頭示意，以示還禮。

二、武術課堂教學禮儀

1. 技術教學課堂的禮節

上課鈴響時，同學間距約10公分整隊集合，班長清點人數完畢，向老師（教練）報告時，師生均行抱拳禮。老師向學生問「同學們好」的同時行抱拳禮；學生在回答「老師好」的同時，也行抱拳禮。然後落手立正；禮畢，上課開始。

下課時，老師向學生說「同學們再見」，學生再答「老師再見」的同時，互行抱拳禮；老師落手站立，然後學生落手立正。禮畢，師生下課。

2. 理論課堂禮節

當老師走向講臺時，老師說：「上課！」班長發口令：「起立，敬禮！」學生起立行鞠躬禮。老師看學生已行禮端正，亦行鞠躬禮答謝。班長發口令：「坐下！」學生就坐，開始授課。

下課時，老師說：「下課！」班長發口令：「起立，敬禮！」學生起立行鞠躬禮。老師看學生都已行禮端正，亦行鞠躬禮回謝。禮畢，下課。

第三節　兒少武術力量訓練的原則

力量訓練堪稱武術素質之父，柔韌訓練堪稱武術素質之母。許多老師在兒少武術的力量訓練中不得法，不科學，應該引起重視。掌握以下訓練原則，對於兒少武術力量訓練具有重大意義。

1. 安全性原則

安全性是兒少力量訓練中最重要的因素。兒少力量訓練的場地應該是乾淨的沒有危險障礙物的場所，練習器械的設計與佈置也應符合兒少的心理要求。

兒少在力量訓練前應做好充分的準備活動，訓練中必須穿戴合適的衣褲和鞋襪，訓練後必須做放鬆性練習。

老師對兒少的訓練要進行全程監督，同時一個老師指導的兒少訓練者不應超過10人，並隨時採取合理的保護措施幫助訓練不成功者，避免運動損傷。切記，在沒有老師指導的情況下，不允許兒少自行訓練。

2. 循序漸進原則

一個正確的訓練計畫，應符合兒少身心發展的規律，循序漸進地促進兒少的全面發展。因此，在力量訓練中應

根據兒少不同肌群發展的順序性，遵循由大肌群到小肌群、由淺層肌到深層肌、由屈肌到伸肌、由近端肌到遠端肌、由軀幹肌到四肢肌的要求進行訓練，達到從簡單運動開始，逐步過渡到複雜協調動作的過程，促進全身各肌群交替訓練，均衡發展。

3. 漸增阻力原則

兒少在10歲前不宜負重練習，可採用對抗自身體重的徒手跑、跳等運動，以發展一般性力量。常用的方法是循環法、間歇法、變換訓練法等。

12～13歲可做一些抗阻訓練，如拉橡皮筋、啞鈴或在力量訓練器械上練習。若增大負重，應採用動力性的訓練，避免靜力性訓練。如可先用槓鈴訓練，當他們掌握了正確的訓練方法與技術動作後，可再加不同重量的槓鈴片進行半蹲訓練。

練習重量應保持一段時間後，再循序漸進地增加量與強度，但不可進行大強度的訓練。

4. 輕質多重複原則

兒少剛開始力量訓練時，應採用輕質器材至少8次以上和不使肌肉疲勞的身體多部位的重複訓練。每次訓練課不超過60分鐘，做6～8組，每組10～15次。每次訓練課完成後，都要做伸展性放鬆練習。

如果兒少每組不能重複完成10次，則應減輕重量；若能在連續的3次訓練課中輕鬆地完成3組、每組15次的練

習，則應適當增加訓練的重量。

5. 控制性原則

兒少持續一段力量訓練後，肌力和協調性都會有所增長，但在青春期前，肌肉的體積不會增大。所以，老師應針對每個兒少的不同特點，經常對他們的訓練計畫進行控制與評價，並讓兒少記錄自己每次訓練的次數、組數、負荷量等，培養他們自我監督與評價能力，以便能及時看到自己的進步，激發其內在的主動積極性。

同時，老師應該記住，兒少力量訓練調控的焦點應是強調採取適應兒少特點的訓練形式和保持其規範的技術動作，而不是比誰完成的負荷大小。

這一點，甚至比力量訓練本身更重要。只有這樣，才能使訓練符合兒少生長發育規律，真正全面發展兒少身體素質和身心健康，為武術訓練打下牢固的基礎。

6. 激發興趣原則

由於力量訓練比較枯燥，兒少不可能長時間地堅持相同的訓練。因此，每次訓練都應改變訓練的形式、環境、條件以及負荷的性質，並在訓練的間歇穿插輕鬆富有節奏的運動，這樣既增加了訓練的興趣，又改善了全身各部位肌群的力量，促進協調能力與平衡能力的綜合發展。

同時，老師還應及時對取得進步的兒少給予表揚，對不成功的兒少給以鼓勵，以培養他們從事艱苦訓練的內在動力，激發其訓練興趣。

第四節　武術人的奇特健身法

　　武術人在武術內容鍛鍊的基礎上，還應做一些其他的輔助訓練內容，比如非常態的倒走和倒立，這對鍛鍊身體、提高身體素質具有很大的作用。

一、倒　走

　　倒走是一種簡便易行的保健活動。作為一種非常態的鍛鍊方式，倒走自古以來就備受推崇，歷代僧侶的健身鍛鍊都非常看重倒著走。《山海經》一書記載，有倒走如飛的奇怪仙人，還有後來的道家人士也常以此健身。

　　人走路都是向前行的，倒行俗稱退著走，與倒立、爬行、赤腳、饑餓、長嘯、冷水浴等一樣，都屬反常態行為。但這些行為不僅能起到一般的健身作用，而且在特定的情況下，對人體各部位還能起到獨特的醫療保健作用。

　　倒走時主要靠踝關節和足跟骨用力，使得這些部位的肌肉、韌帶都得到鍛鍊。倒走期間，首先要留意運動方向，於是空間的知覺能力就得以增強；其次還要把握好平衡，防備意外摔倒，這樣小腦也受到了積極的訓練，有利於提高人的反應能力。

　　正走時是腳跟先著地，腳尖後著地，分解動作為：腳跟——腳尖。而倒走是腳尖先著地，腳跟後著地，分解動作為：腳尖——腳跟。

　　頻繁的腳尖活動，刺激著腳上的經絡、穴位和全身各

部的反射區，變換著關節的角度，增加了韌帶強度和平時很少活動的肌肉群的活動機會。

經過倒走鍛鍊，會使身體越來越靈活。每天堅持倒走200～400步，就會有很好的保健效果。

倒走鍛鍊要注意以下幾點：

（1）　首先是場地的選擇

儘量選擇封閉的空曠平坦的場所，最好是操場或田野，或是公園、社區、廣場等寬闊的場地，如意外摔倒，得不償失。倒走可以隨時隨地練，如果家中寬敞也可以進行。

（2）倒走前，要做好準備活動

以平時散步的速度先正走10分鐘，目的是使全身得到放鬆，關節、肌肉和韌帶得到充分的活動，協調好身體各部位，以進入能倒走的最佳狀態。

（3）倒走時，要全身放鬆，胸部挺起並有規律地呼吸，膝蓋不要彎曲，步子要均勻而緩慢，雙手握拳，前後自然擺動以保持身體平衡。

倒走時也可採用動肩擺臂甩手式，使全身得到運動，以取得整體的協調和平衡。

（4）倒走時必須穿平底鞋或負跟鞋。

倒走時人體重心在腳跟，如果穿帶跟的鞋倒走，人的本體感覺就會不敏感，腳跟不容易踩實，從而阻礙重心後移，使本體不能及時調整重心，很容易摔倒，並且還會降低倒走的效果。因此，穿高跟鞋倒走是最危險的，中跟鞋次之。

（5）**腰痛患者倒走，一定要小步慢走。**

只有小步慢走，才能起到矯正姿勢，強制重心後移的作用，要讓腳跟踩實，越慢動作越精準，同時膝關節可以適當彎曲。

二、倒 立

倒立不但能使人的上肢力量增強，提升腰腹的協調力，還會使體形更加健美，而且能夠有效地減少面部皺紋的產生，延緩衰老。倒立更有助於人的智力和反應能力的提高。

人的智力高低和反應能力的快慢是由大腦來決定和支配的，而倒立能增加大腦血液供應和各種條件下的支配傳感能力。倒立的方法有反身倒立和靠牆倒立。

據媒體報導，日本的小學為了提高學生的智力，每天讓學生保持五分鐘的持續倒立；北京有的學校在課間操時間也安排全體學生倒立，已持續幾年時間，倒立後學生們普遍感覺眼明、心爽、腦清。

正因如此，醫學界對倒立運動給予了高度的評價，認為倒立5分鐘，相當於睡眠兩個小時。其他國家如印度、瑞典、美國也積極宣導人們每天進行倒立運動。

這種方法對很多症狀具有良好的保健作用，比如晚上不能熟睡、記憶力減退、頭髮稀少、食慾不振、精神不能集中、抑鬱、腰痛、肩膀酸硬、視力減退、精力衰退、全身乏力、便秘、頭痛等。

由此看出，倒立不僅是一種鍛鍊效果明顯的運動，而

且還是愉悅心情、減小壓力的一種休閒健身方式。

但健身項目的選擇，要根據不同的年齡和不同的體質加以取捨，至於高難度的健身動作，更是要謹慎選擇。如果經常鍛鍊，身體健康，沒有高血壓等心腦血管疾病的人，可選擇倒立鍛鍊項目。

倒立鍛鍊穩定後，就可以嘗試著倒立行走了。若無倒立基礎，貿然做倒立行走這樣的高難度健身動作，有可能會導致肌肉拉傷、骨折等問題，所以要謹慎對待。倒立行走時可以找人少、安靜的地方進行，這樣可以專心投入，鍛鍊效果也會更好。

第五節　練習武術八大禁忌

禁忌一：「入房施精」

意思是指在練功的一段時期當中，為了保持精神充沛，對於夫妻間的性生活應當禁止。尤其是因病練功的患者更要有此禁忌。

即使無病的練功者，也應當「交接有時」，尤其不可自恃武功基礎紮實而恣意放縱，更不可相信「房中採補」的歪理邪說。

禁忌二：「大溫大寒」

意思是指練功的場所、平時的居所和穿著都不可太冷或太熱，既不可重裘厚褥，過事溫暖，也不可單衣短褲，

過於寒涼。因為「大溫消骨髓，大寒傷肌肉」。

禁忌三：「五勞暗傷」

五勞指「久視傷血，久臥傷氣，久立傷骨，久行傷筋，久坐傷肉」。

凡此五勞，在日常生活中或者療養練功中都要適當調整，避免暗傷身體。

禁忌四：「以身當風」

意思是指在室外練功時，切不可用身體的正面或背面迎著風。在練功之後，身出微汗，也不可以用身體擋風。此外，在練功後，汗水會打濕衣服，此時不可繼續穿著，應該及時用毛巾擦乾汗水，尤以熱水沐浴一次，另換乾衣為宜。

禁忌五：「緊衣束帶」

意思是指練功時要穿寬鬆些的衣服，不可穿緊身衣或太瘦的衣服，這樣會導致氣血不暢，影響全身血液循環，不利練功。

禁忌六：「天地災怪」

意思是指天地之間氣候的突然變化，即四季不正常的和不符合二十四節氣規律的自然現象，也就是在狂風、暴雨、迅雷、閃電、驟冷、突熱和霧霾等氣候條件下，不可以練功。

萬一遇上了這類變故，也當鎮靜、從容地應對，不可怨恨、發怒，以免引起練功時的心神紊亂。

禁忌七：「過饑過飽」

指饑餓的時候或者吃飽之後，不宜馬上練功，應在飯後兩小時才可以開始，因為「饑則胃陽動，飽則胃陰凝」。從生理學的角度來解釋，胃部在饑餓時會產生痙攣，此時身體需要能量的供給，如果此時練功，會因缺乏能量供應而導致身體新陳代謝的速度減慢，影響身體健康。在進食後血液會充盈胃部，幫助食物消化。此時練功，會影響食物的消化吸收。

所以，不論饑飽都不宜練功。

禁忌八：「大怒大樂」

指不要在大怒之後去練功。因為怒則氣升，會與吐納導引的氣脈相逆，能使諸脈紊亂。也不要在過渡大樂之後去練功。因為樂則氣降，也會與吐納導引的氣脈相逆，使諸脈紊亂，與大怒之後去練功對身體有著同樣的破壞效果。

附錄

武術教練員管理辦法

第一條 為了加強對武術教練員（以下簡稱教練員）的管理，促進武術運動技術水準和教練員整體素質的提高，適應武術運動發展的需要，特制定本辦法。

第二條 本辦法適用於在國家體育總局武術運動管理中心（以下簡稱國家武管中心）註冊的教練員。

第三條 教練員應嚴格遵守《教練員守則》，努力鑽研技術，加強武德修養。

第四條 國家體育總局武術運動管理中心是全國武術教練員的業務管理機構，各級武術主管部門負責對各自職權範圍內教練員的管理。

第五條 各級武術主管部門要建立與健全教練員的註冊、選拔、考核、管理制度。

第六條 武術援外教練員的管理：

（1）短期（3個月以下）外派武術援外教練員，由國家體育總局武術運動管理中心統一選派，徵得相關單位同意後，報國家體育總局批准。

（2）援外時間在3個月（含3個月）以上的武術援外教練員，由國家體育總局武術運動管理中心推薦、國家體育總局人力資源管理中心負責外派和管理工作。

（3）援外教練員須不斷提高業務水準，遵守當地法

律，維護國家形象，認真執教，按時歸國。回國後一週內向派出單位提交工作總結。

（4）外派教練選派條件、程式，駐外執教時間、工作範圍及相關管理規定按照《國家體育總局外派體育技術人員管理規定》執行。援外教練的待遇按照財政部和國家體育總局聯合下發的財教〔2009〕54號《外派體育技術人員待遇和財務管理辦法》檔執行。其餘未盡事宜，參照《國家體育總局外派體育技術人員管理規定》。

第七條 教練員須鑽研業務，努力提高教學、訓練水準，積極參加國家武管中心舉辦的各種培訓，尤其要參加崗位培訓，取得上崗資格。

第八條 教練員須遵守武術競賽規程、規則和賽區各項規定。

第九條 教練員須按照國家體育總局武術運動管理中心的規定，按時註冊。

第十條 嚴禁教練員教唆、強迫運動員使用違禁藥物，違者按國家體育總局有關規定進行處罰。

第十一條 教練員只能代表其所註冊單位在賽場的指定位置指導運動員比賽，不得以其他身份指導其他參賽隊，違者將被驅逐出比賽現場，並停止註冊1次。

第十二條 教練員在比賽期間須服從裁判，如發現有行賄、串聯、結盟、打假賽、搞交易或在賽場無理取鬧、不服從裁判等行為，視其程度給予停止1至2年擔任賽場教練員資格，並通報全國。

第十三條 註冊教練員不得參加未經國家武管中心批

准的跨省、自治區、直轄市的各類國內外武術競賽活動（包括各類電視大獎賽、對抗賽、爭霸賽等），違者將停止其2年賽場教練員資格，取消其所在隊參加國內外比賽的資格1年，並通報全國。

第十四條 教練員必須模範遵守國家及地方性法律法規，嚴格執行各項規章制度，強化武德修養，做到為人師表，以身作則。嚴禁唆使運動員參與社會違法勢力的打架、鬥毆等活動。違者將取消其教練員資格，終身禁賽。

第十五條 國家體育總局武術運動管理中心負責對教練員進行資格審查、註冊並頒發證書。

第十六條 教練員須按照國家體育總局武術運動管理中心的規定，按時註冊，取得參賽許可。

第十七條 教練員必須是中國武術協會會員，並遵守中國武術協會章程及國家體育總局武術運動管理中心的有關規定。教練員註冊以其與所屬單位的協議書、聘書或合同書確定代表單位的基本依據。

第十八條 教練員以省、自治區、直轄市、新疆生產建設兵團體育局、總參軍訓和兵種部體育訓練局、行業體協及有關體育院校為單位進行註冊。各省、自治區、直轄市所管轄範圍的教練員在本地區進行註冊，並報國家體育總局武術運動管理中心備案。

第十九條 教練員每兩年註冊一次，每次只能代表一個單位進行註冊，註冊時間為偶數年的12月1日至次年1月31日。未註冊的教練員不得參加國家體育總局武術運動管理中心主辦的各類比賽。

第二十條　教練員註冊必須詳細填報由國家體育總局武術運動管理中心印發的《全國武術教練員註冊登記表》，提供協議書、聘書或合同書影本1份，小二寸近期正面免冠證件彩色照片2張。

第二十一條　本辦法適用於在國家體育總局武術運動管理中心註冊的教練員。

第二十二條　武術教練員等級設：國家級教練（正高級）、高級教練（副高級）、中級教練、助理教練四級。

第二十三條　等級稱號的申請、審核、審批、授予，按照《事業單位崗位設置管理試行辦法》（國人部發〔2006〕70號）、《＜事業單位崗位設置管理試行辦法＞實施意見》（國人部發〔2006〕87號）和《關於體育事業單位崗位設置管理的指導意見》（國人部發〔2007〕101號執行）。

太極武術教學光碟

太極功夫扇
五十二式太極扇
演示：李德印 等
(2VCD)中國

夕陽美太極功夫扇
五十六式太極扇
演示：李德印 等
(2VCD)中國

陳氏太極拳及其技擊法
演示：馬虹(10VCD)中國
陳氏太極拳勁道釋秘
拆拳講勁
演示：馬虹(8DVD)中國
推手技巧及功力訓練
演示：馬虹(4VCD)中國

陳氏太極拳新架一路
演示：陳正雷(1DVD)中國
陳氏太極拳新架二路
演示：陳正雷(1DVD)中國
陳氏太極拳老架一路
演示：陳正雷(1DVD)中國

陳氏太極拳老架二路
演示：陳正雷(1DVD)中國
陳氏太極推手
演示：陳正雷(1DVD)中國
陳氏太極單刀・雙刀
演示：陳正雷(1DVD)中國

郭林新氣功
(8DVD)中國

本公司還有其他武術光碟
歡迎來電詢問或至網站查詢
電話：02-28236031
網址：www.dah-jaan.com.tw

原版教學光碟

歡迎至本公司購買書籍

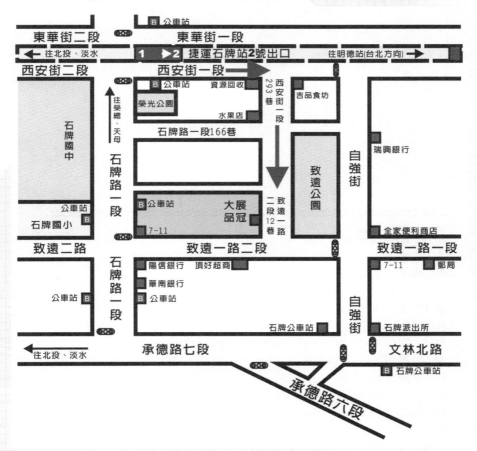

建議路線

1. 搭乘捷運・公車

　　淡水線石牌站下車，由石牌捷運站2號出口出站(出站後靠右邊)，沿著捷運高架往台北方向走(往明德站方向)，其街名為西安街，約走100公尺(勿超過紅綠燈)，由西安街一段293巷進來(巷口有一公車站牌，站名為自強街口)，本公司位於致遠公園對面。搭公車者請於石牌站(石牌派出所)下車，走進自強街，遇致遠路口左轉，右手邊第一條巷子即為本社位置。

2. 自行開車或騎車

　　由承德路接石牌路，看到陽信銀行右轉，此條即為致遠一路二段，在遇到自強街(紅綠燈)前的巷子(致遠公園)左轉，即可看到本公司招牌。

國家圖書館出版品預行編目資料

八極拳 ／ 武兵 著
——初版，——臺北市，大展，2017〔民106 . 06〕
面；21公分 ——（中華傳統武術；22）
ISBN 978 – 986 – 346 – 163 – 0（平裝）
1.拳術 2.中國
528 . 972　　　　　　　　　　　　　　106005332

八　極　拳

著　　者／武 兵
責任編輯／岑 紅 宇　楊 都 欣
發 行 人／蔡 森 明
出 版 者／大展出版社有限公司
社　　址／台北市北投區（石牌）致遠一路2段12巷1號
電　　話／（02）28236031 · 28236033 · 28233123
傳　　眞／（02）28272069
郵政劃撥／01669551
網　　址／www.dah-jaan.com.tw
E – mail ／ service@dah-jaan.com.tw
登 記 證／局版臺業字第2171號
承 印 者／傳興印刷有限公司
裝　　訂／眾友企業公司
排 版 者／弘益電腦排版有限公司
授 權 者／安徽科學技術出版社
初版1刷／2017年（民106）6月

定 價／230元

大展好書　好書大展
品嘗好書　冠群可期

大展好書　好書大展
品嘗好書　冠群可期